DES CAUSES

DE L'AFFAIBLISSEMENT

DU COMMERCE DE BORDEAUX,

ET DES MOYENS D'Y REMÉDIER,

PAR EMILE BÉRÈS DU GERS,

Membre de à l'Institut, Académie des Sciences Morales et Politiques

Prix 2 francs.

PARIS,

AU BUREAU DE LA REVUE D'ÉCONOMIE POLITIQUE,

RUE DU COLOMBIER, 15.

ET A BORDEAUX, CHEZ D'ESCURES, LIBRAIRE

Allée de Tourny.

1855.

DES CAUSES

DE L'AFFAIBLISSEMENT

DU COMMERCE DE BORDEAUX,

ET DES MOYENS D'Y REMÉDIER,

PAR EMILE BÈRES DU GERS,

Mémoire lu à l'Institut, Académie des Sciences Morales et Politiques.

Prix 2 francs.

PARIS.

AU BUREAU DE LA REVUE D'ÉCONOMIE POLITIQUE,

RUE DU COLOMBIER, 15.

ET A BORDEAUX, CHEZ D'ESCURES, LIBRAIRE,

Allée de Tourny.

—

1835.

IMPRIMERIE DE J.-A. BOUDON,

RUE MONTMARTRE, 131.

TABLE DES MATIÈRES.

OUVRAGES PUBLIÉS PAR LE MÊME AUTEUR.

Essai sur les moyens d'accroître la richesse territoriale en France, notamment dans les départemens méridionaux. Un vol. in-8°, 1830.

Elémens d'une nouvelle législation des chemins vicinaux, grandes routes, chemins de fer, rivières et canaux. — Ouvrage couronné par la Société d'Agriculture, Sciences et Arts de Châlons. Un vol. in-8°, 1831.

Causes du malaise industriel et commercial de la France et moyens d'y remédier. — Ouvrage couronné à l'unanimité par la Société Industrielle de Mulhouse. Un vol. in-8°, 1832.

Mémoire sur la nécessité et les moyens de créer une statistique générale de la France. — Ouvrage approuvé par le conseil-général des manufactures, dans sa session de 1833, et renvoyé au ministre du commerce.

Moyens d'exécution d'un palais propre aux expositions des produits de l'industrie nationale. — Ouvrage approuvé par le conseil-général des manufactures, dans sa session de 1834, et renvoyé au ministre de l'intérieur.

DES CAUSES

DE L'AFFAIBLISSEMENT

DU COMMERCE DE BORDEAUX,

ET DES MOYENS D'Y REMÉDIER.

DES CAUSES

DE D'AFFAIBLISSEMENT

DU COMMERCE DE BORDEAUX,

ET DES MOYENS D'Y REMÉDIER.

———◦◦◦———

VUES GÉNÉRALES

Les questions économiques agitées en ce moment en France, sont d'une telle importance qu'elles demandent impérieusement à être étudiées sous toutes leurs faces, par les hommes d'état et les Economistes.

Sans doute, ce n'est pas là l'ouvrage d'un jour, ni la tâche d'un seul homme; mais avec le temps, mais avec le conseil et le tribut d'expérience de chacun de ceux qui aiment à réfléchir sur ce qui les entoure, il est possible de sonder la plaie qui fatigue le pays, et de trouver le remède qui d'abord doit la calmer, et plus tard la guérir.

Enfant du Midi, c'est pour le Midi naturellement que je me sens le plus affecté, que je viens exposer sa situation, et après cet examen attentif, essayer d'indiquer les conditions qui lui promettent un meilleur avenir.

Le commerce bordelais ne veut voir les causes de son malaise, que dans les abus de notre régime fiscal et le défaut de liberté commerciale : évidemment il se trompe, tout n'est pas là.

Sans doute, une liberté d'échange plus large ; une surveillance moins tracassière dans le mouvement de nos produits ; des rapports avec l'étranger mieux combinés, plus appropriés aux goûts et aux besoins des nations modernes, agrandiraient le cercle de ses opérations, et ce n'est pas d'aujourd'hui que je me prononce en faveur de ce principe si fécond de l'économie sociale (1). Mais à côté de lui, combien d'autres problèmes de la même science, non moins pressans, non moins importans à résoudre, se présentent à l'esprit de celui qui embrasse l'ensemble des phénomènes qui tiennent à la marche, à la vie, au développement des sociétés.

A quelles causes faut-il attribuer l'ancienne prospérité du commerce de Bordeaux? Comment s'est affaiblie cette prospérité? Par quels moyens la relever?

Voilà les questions que je me propose d'examiner et qui me paraissent embrasser le cercle des difficultés qui ont plongé non-seulement la ville de Bordeaux, mais encore les contrées qui l'entourent, dans les plus cruels embarras.

(1) *Des causes du malaise industriel et commercial de la France, et des moyens d'y remédier.*

A QUELLES CAUSES FAUT-IL ATTRIBUER L'ANCIENNE PROSPÉRITÉ DU COMMERCE DE BORDEAUX?

Indépendamment des avantages de son port, l'un des plus sûrs et des plus commodes des côtes de l'Océan, Bordeaux a dû sa prospérité à l'excellence de ses vins, à la renommée à l'étranger des eaux-de-vie de l'Armagnac, à la bonne qualité des farines, et à la saveur des fruits de l'Agenais.

Avant et surtout pendant le 17ᵉ siècle, les vins français ont eu en Angleterre un immense débit. La consommation en était au moins décuple de ce qu'elle est aujourd'hui, puisqu'elle allait moyennement à 25,000 tonneaux. Le vin de Bordeaux entrait pour la majeure partie dans cette exportation; on recevait en échange, des grains, des métaux, du suif, des cuirs, des bois et du chanvre.

Lorsque l'esprit de fiscalité vint à naître chez nos voisins; lorsque surtout le malencontreux traité de Methuen, pour favoriser le commerce des vins de

Portugal, sacrifia les intérêts de la France, une autre source d'écoulement des produits méridionaux s'ouvrit à notre activité.

Le passage par le cap de Bonne-Espérance commença à être exploité, et grâce à l'apathie des Vénitiens qui, au lieu de traverser à leur tour l'Océan pour faire leur profit des nouvelles voies commerciales que les Portugais venaient d'ouvrir, s'endormirent nonchalamment dans les eaux de la Méditerranée, le commerce si avantageux de l'Inde passa des villes italiennes et des ports de l'Egypte aux villes de l'Océan. Ainsi Venise, Gènes, Livourne, Alexandrie durent céder la prééminence à Lisbonne, Bordeaux, Londres, Hambourg, Amsterdam. Après Lisbonne, ce fut Bordeaux qui eut long-temps la plus grande part des résultats de cette révolution commerciale. Les vastes établissemens de la France sur la côte du Coromandel et sur les bords du Gange, les comptoirs de Surate, les relations qui s'ouvrirent bientôt avec la Chine et quelques-unes des principales îles de l'archipel indien remplacèrent avec avantage pour lui, les affaires que la nouvelle politique du gouvernement anglais venait d'interrompre (1).

Le commerce de l'Inde fut d'autant plus fructueux

---

(1) Sans doute, grâce aux fautes nombreuses et à l'impéritie de la plupart de ceux que le gouvernement français envoya commander dans l'Inde, le commerce de cette partie du monde a fini par être plutôt funeste qu'avantageux à la France; mais il n'en est pas moins vrai que Bordeaux y trouva, pendant un temps, de grands bénéfices.

que les retours étaient très-faciles : car indépendamment des épices, ce pays arriva encore à fournir à la France pour plusieurs millions d'étoffes de coton, dont on n'avait pas alors, en Europe, étudié la fabrication ; de Bordeaux, ces produits se répandaient vers les autres contrées de la France ; car, si ce n'est le port de Lorient, que les affaires de la compagnie de l'Inde animaient, le restant des villes maritimes n'avaient pris que fort peu d'extension : n'ayant que de faibles produits à exporter, elles ne pouvaient naturellement importer avec avantage.

Lorsque les différends sérieux avec l'Angleterre et la Hollande ; lorsque surtout la déplorable maladresse dont les Français ont presque toujours fait preuve dans la conduite de leurs établissemens coloniaux, leur eut fait perdre leur prépondérance, en Asie, les Indes occidentales furent une autre compensation pour le port de Bordeaux : il trouva de faciles débouchés dans les établissemens qui furent créés dans le Canada, la Louisiane, l'Acadie, la Guyane, plusieurs petites îles, et avec elles la reine des Antilles, Saint-Domingue, dont Bordeaux déplorera long-temps la perte, et qu'il ne remplacera jamais ; car où trouver un sol assez riche et des bras assez nombreux pour lui livrer une production qui souvent a dépassé 200 millions de fr. en sucre, en café, en rhum, en indigo, etc. (1).

(1) Ce n'était pas seulement ses vins que Bordeaux pouvait expédier en Amérique, mais encore les farines des contrées voisines, dites de Moissac, dont la qualité supérieure et à l'épreuve des voyages de mer, obtenait une préférence à-peu-près exclusive.

L'excédant des marchandises importées que ne consommait pas la France, servait à commercer avec d'autres peuples, notamment avec ceux du Nord de l'Europe : autre source d'abondans bénéfiees. On le croira sans peine, lorsque je dirai que le commerce bordelais, indépendamment du mouvement de la navigation étrangère, avait à lui seul la masse énorme de cinq à six cents bâtimens.

Ainsi, voilà, pendant trois cents ans, des événemens de plus en plus avantageux, et qui toujours surviennent avec un étonnant à-propos pour maintenir le commerce de Bordeaux au plus haut degré de prospérité. Malheureusement, depuis lors, c'est une bien autre destinée qui lui est échue, et dont j'ai à mentionner les tristes conséquences.

Les fruits secs, et particulièrement les pruneaux communs, appropriés au régime médical des nègres, étaient aussi un objet important d'exportation.

COMMENT S'EST AFFAIBLIE LA PROSPÉRITÉ DU COMMERCE DE BORDEAUX.

Les guerres de rivalité commerciale qui signalè-
rent les dernières années du règne de Louis XV ,
et troublèrent l'avénement de Louis XVI à la cou-
ronne , vinrent les unes enlever , les autres affai-
blir sensiblement les derniers établissemens coloniaux que possédait la France. Bientôt après , la terrible insurrection des nègres à Saint-Domingue
détruisit pour le commerce bordelais , non-seulement une source inépuisable de profits , mais encore lui enleva d'immenses capitaux placés dans
celte île , soit comme prêt dans les mains des colons , soit comme valeur de propriétés immobi-
lières.

La guerre générale qui suivit les premiers événemens de la révolution vint achever de jeter le
trouble dans les possessions françaises d'outre-mer,
et paralysa toutes les relations à l'extérieur, sans que

rien ait jamais compensé pour Bordeaux, les pertes
que ce grand dérangement opéra ; il ne resta pas ce
qu'il était, et ne put pas, ou ne sut pas devenir
autre chose.

L'Empire absorbé par les besoins toujours renais-
sans de l'esprit de conquête, et par les embarras
de l'établissement du système continental, ne vint
pas remédier au mal.

La Restauration à son tour, s'occupant trop peu
du développement des intérêts matériels, ne fit
que compliquer, par ce maladroit oubli, la gêne
des contrées méridionales, malgré la prédilection
qu'elle se sentait pour elles.

Les moyens de communication surtout, cet élément si puissant de tous les genres de prospérité,
ont été complétement oubliés ou négligés dans le
Midi, par chacun de ces gouvernemens ; tandis que
dans le Nord, grâce au grand mouvement des ar-
mées qui s'y opérait, et au voisinage du siége de
l'administration centrale, on s'est attaché à les
multiplier et à les améliorer d'une manière toute
particulière.

Pendant cette période de près d'un demi-siècle,
qui n'a été véritablement pour quelques-unes de
nos provinces, qu'une longue crise, on ne sait pas
généralement ce que Bordeaux et tout ce qui l'entoure ont souffert ; ils avaient toutes les charges de
l'ébranlement qui agitait l'Europe, et d'autres en
escomptaient les bénéfices.

A ces causes toutes de nature politique, viennent aujourd'hui s'en joindre d'autres purement

industrielles : il est d'autant plus urgent de les signaler, que Bordeaux, malheureusement, ne paraît pas les comprendre.

Ces causes nouvelles tiennent à une moindre importance attachée aux productions du Midi, malgré qu'on ne puisse pas dire qu'ils aient dégénéré.

Ainsi, bien que l'on recherche encore les vins si délicats du Médoc, il ne faut pas moins reconnaître qu'ils trouvent une concurrence bien autrement forte qu'elle ne l'était autrefois, dans les vins de la Bourgogne, de la Champagne, du Roussillon, des Canaries, de Porto, du Cap de Bonne-Espérance. Cette concurrence, si elle n'arrête pas la vente, influe du moins sensiblement sur les prix.

Il y a aussi à tenir compte de la fraude immense qui s'exerce sous le puissant patronage des vins de Bordeaux, fraude qui a été si loin, qu'aujourd'hui le consommateur est dans une continuelle défiance, et bien souvent préfère s'abstenir d'acheter que de s'exposer à être trompé.

Ainsi, bien que les eaux-de-vie de l'Armagnac aient toujours, avec celles de la Charente, la préférence des connaisseurs, il n'en est pas moins vrai cependant que, pour les classes ouvrières qui forment la masse des consommateurs, et surtout pour les besoins des arts industriels qui en absorbent beaucoup aujourd'hui, les eaux-de-vie de grains, de pomme de terre et de mélasse ont tout autant de valeur.

Quant aux farines connues sous le nom de *minots*,

si l'on excepte le faible débouché de nos Antilles, elles ne trouvent plus dans le Nouveau-Monde, qu'une concurrence écrasante dans les farines des Etats-Unis, moins chères sous le double rapport du transport et du prix de revient. Bordeaux en a eu la preuve lorsque, tout nouvellement, le Brésil a admis les Américains du Nord à commercer sur le même pied que la France ; il a dû, à l'instant qu'a paru cette mesure, cesser tout envoi.

Ainsi, fût-il donné à Bordeaux de refaire même le passé tel qu'il était et tel qu'il le regrette, que, s'il n'avait à lui offrir que sa richesse présente, il éprouverait à coup sûr un grand mécompte.

Le Hâvre et Marseille ont mieux compris les nécessités du moment ; aussi pendant que leur rivale déclinait, ces villes se sont-elles rapidement élevées à un degré de prospérité qui leur était inconnu ; et cependant, elles aussi vivent sous le régime de la fiscalité, et chaque jour aspirent l'air de la prohibition.

Voici les preuves de cette différence.

	Tonneaux.
Le mouvement commercial de Bordeaux a été en 1820, 1821, 1822, 1823 de.	777,768
Dix ans plus tard, c'est-à-dire en 1830, 1831, 1832, 1833, ce mouvement a été de.	785,161
Différence en plus.	7,393
Le mouvement commercial de Marseille en 1820, 1821, 1822, 1823 a été de.	1,360,209
Dix ans plus tard, c'est-à-dire en 1830, 1831, 1832, 1833, ce mouvement a été de.	2,227,260
Différence en plus.	867,051

Le mouvement commercial du Hâvre a été en 1820,
1821, 1822, 1823 de.   801,101
Dix ans plus tard, c'est-à-dire en 1830, 1831, 1832,
1833, ce mouvement a été de.   1,194,803
  (1)   Différence en plus   293,703

Quand à la raison qui va nous donner la clé d'une destinée aussi opposée, bien que sous les influences d'un régime administratif égal, elle est fort simple et tient aux résultats du travail en général, qui lui-même est l'unique source du commerce.

A défaut de relevés statistiques suffisans et dignes de foi que j'eusse à consulter, j'ai dû établir ma balance de puissance productive, entre les départemens que je compare, par les états de population, de contributions et de patentes. Ce mode d'appréciation ne manque pas d'exactitude et résume plus brièvement que tout autre, les élémens de richesse de chacun d'eux.

Il sera curieux également de joindre à ces détails les résultats des expositions des produits de l'industrie nationale, et le nombre des brevets d'invention pris dans chacune des régions que je compare.

Le rayon industriel et commercial de chacun des trois grands ports que je mets en parallèle sera de douze départemens. C'est asseoir, comme on le voit, ma démonstration sur une base assez large pour rendre tous les faits importans saillans, et pour

(1) Je me plais ici à remercier de son obligeance M. David, conseiller d'état et directeur de la partie commerciale au ministère du commerce, qui s'est empressé de mettre à ma disposition les documens qui me manquaient.

pouvoir tirer de ces faits bien énoncés des conséquences justes.

Le rayon commercial de Bordeaux, qui se compose des départemens de la Gironde, des Landes, des Basses-Pyrénées, des Hautes-Pyrénées, de l'Ariège, de la Haute-Garonne, du Gers, de Lot-et-Garonne, de Tarn-et-Garonne, du Lot, de l'Aveyron, de la Dordogne, donne les résultats statistiques suivans :

Superficie. hectares carrés.	Population, relevé de 1832.	Budget de 1832. Contributions directes, foncier, personnel, mobilier, portes et fenêtres	Patentes.	Récompenses diverses dans les 8 expositions des produits de l'industrie nationale.
7,449,545	4,305,814	32,695,344 f. 67 c.	117,916	173

Le rayon commercial de Marseille qui se compose des départemens des Bouches-du-Rhône, du Gard, de l'Hérault, de l'Aude, du Tarn, de l'Ardèche, de la Drôme, de Vaucluse, du Rhône, de l'Isère, de la Loire, de Saône-et-Loire, donne les résultats statistiques suivans :

Superficie. hectares carrés.	Population.	Contributions.	Patentes.	Récompenses.
7,069,319	4,445,418	38,684,292 f. 56 c.	138,986	723

Le rayon commercial du Hâvre, qui se compose des départemens de la Seine-Inférieure, de l'Eure, du Calvados, de l'Orne, de la Seine, de Seine-et-Oise, de Seine-et-Marne, de l'Oise, de l'Aisne, de la Somme, du Pas-de-Calais, du Nord, donne les résultats statistiques suivans :

Superficie.	Population.	Contributions.	Patentes.	Récompenses.
6,807,721	6,861,377	82,095,860 f. 42 c.	282,138	3,425

15

Ainsi, le rayon commercial de Bordeaux, avec un maximum de superficie sur le rayon commercial de Marseille de 380,226 hectares carrés, a en moins une population de 139,574 âmes et une contribution foncière de 5,888,847 fr. 89.

Le nombre des patentes est moindre de 21,070.

Le nombre des récompenses dans les expositions des produits de l'industrie nationale est plus faible de 550.

Ainsi encore le rayon commercial de Bordeaux, avec un maximum de superficie sur le rayon commercial du Hâvre de 641,824 hectares carrés, a en moins une population de 2,555,535 habitans; une contribution foncière de 49,400,715 fr. 75 c.

Le nombre des patentes est moindre de 143,152. Le nombre des récompenses dans les expositions des produits de l'industrie nationale est plus faible de 3,252 (1).

Les conséquences à tirer du nombre des brevets d'invention obtenus depuis leur origine, l'année 1791 jusqu'à 1830, dans chacune des trois contrées que je mets en parallèle, sont non moins concluantes.

Rayon commercial de Bordeaux 121.

Rayon commercial de Marseille 475.

Rayon commercial du Hâvre 2,427.

En face de ces résultats, chacun doit être à même

(1) J'avoue que le département de la Seine pèse beaucoup dans la balance, et qu'il faut tenir compte de la prépondérance écrasante qu'il donne au rayon commercial du Hâvre; mais toujours est-il que, même en déduisant Paris, un grand avantage resterait aux départemens du Nord.

d'expliquer la destinée du port de Bordeaux , et le sort tout contraire de ceux du Hâvre et de Marseille.

Bordeaux a décliné , parce que, dans son sein et dans le vaste rayon qui l'entoure , tout est resté à-peu-près ce qu'il était il y a quarante ans; car je n'appelle pas avoir progressé vers l'industrie que de compter dans ses murs quelques beaux monumens de plus , ou d'avoir agrandi de quelques milliers d'hectares ses riches vignobles.

Le Hâvre au contraire est devenu la clé de contrées où dans le même espace de temps s'est développée une merveilleuse industrie ; l'agriculture et la fabrication , à l'envi l'une de l'autre , n'ont rien négligé pour avancer et s'étendre : et comme c'est naturellement de ces deux agens de la production , que le commerce tire sa vie et sa richesse, comment n'aurait-il pas grandi sur les mêmes lieux?

Marseille a vu la même fortune lui sourire , et elle s'est élevée en vertu de la même loi et s'élève encore chaque jour.

A ces causes principales, il faut en joindre une dernière , qui bien que d'une moindre importance, ne laisse pas cependant que d'ajouter à des embarras de jour en jour plus sensibles. C'est la cherté des frais de chargement et de déchargement des navires qui fréquentent le port de Bordeaux. Lorsque l'on applique partout et à tout , la puissance et l'économie des forces mécaniques ; à Bordeaux , l'on ne voit généralement que des bras d'hommes , des bœufs , des échelles , des ponts volans servir au mouvement des marchandises ; lorsqu'à Londres de superbes docks ; lorsqu'au Hâvre et à Marseille des bassins vastes et commodes aident avec tant d'avantages aux opérations de la navigation marchande, il faut que sur le port de Bordeaux tout se fasse en rivière, et qu'on ait à lutter sans cesse et à grands frais contre le courant des eaux du fleuve ou les fluctuations de la marée. C'est là une infériorité de plus, dont il est difficile d'apprécier au juste le dommage, mais qui est néanmoins assez considérable pour qu'on dût se hâter d'y apporter remède.

Il est vrai que depuis peu de temps on a commencé à introduire les améliorations que je réclame, mais il y a bien à faire encore, pour atteindre aux perfectionnemens que l'on trouve ailleurs, et qui puissent ramener le commerce étranger sur les rives que tant de genres d'infériorité l'ont forcé de délaisser.

Ainsi voilà la question posée et bien simplifiée ; ce n'est, pour vivifier Bordeaux, ni un nouveau monde qu'il faut trouver, ni un problème social jusqu'ici resté mystérieux qui est à résoudre : c'est seulement l'exemple de ce qui se fait ailleurs à imiter, et un bien possible à vouloir.

PAR QUELS MOYENS RELEVER LA PROSPÉRITÉ DU COMMERCE DE BORDEAUX?

Il est des événemens qui, une fois qu'ils sont accomplis, ne veulent plus être rappelés que comme des points historiques; ils descendent le cours des âges, comme les eaux le cours des fleuves, c'est-à-dire, pour ne plus les remonter.

Tels sont les faits qui tiennent au démembrement de la puissance coloniale de la France. Immenses dans l'histoire du commerce, utiles même comme leçon, ils ne sont plus rien comme élémens d'avenir.

Quelques florissans qu'ils aient été, les établissemens de l'Inde, de l'Amérique, de Saint-Domingue sont perdus pour la France, et perdus à jamais. Une force irrésistible nous en a imposé le sacrifice; à notre tour sachons nous résigner à n'y plus penser. Notre esprit n'en sera que plus libre à méditer et à poursuivre de nouvelles chances de pros-

périté : les regrets, d'ailleurs, ne font pas avancer les nations, et ne relèvent pas les cités en
ruine.

Ce qui peut rendre au commerce de Bordeaux son
ancien lustre, ce n'est ni la pensée de reconstituer
le passé, ni l'obtention de quelques concessions en
fait de liberté commerciale, qui ne seront jamais,
tant que les choses demeureront dans l'état actuel,
que d'une faible influence ; mais bien la pensée
hardie et la volonté ferme d'organiser son système
industriel et commercial sur de nouvelles bases.

Ces bases sont celles d'une production en rapport, et avec les moyens créateurs que le Midi
peut le plus naturellement mettre en jeu, et avec
les besoins des peuples qui nous offrent les échanges
les plus avantageux : c'est aussi le perfectionnement des élémens du travail : et dans ces élémens,
je comprends les élémens moraux, aussi bien que
les élémens matériels.

Bordeaux est l'une des belles villes commerçan-
tes de l'Europe. Le fleuve majestueux qui l'arrose,
son port et ses navires, ses monumens, le souvenir
de ses grands hommes, l'esprit ouvert et hardi de
son active population, tout y respire la grandeur
et semble formuler l'idée de puissance. Et si Bordeaux se sent faiblir ; si son pavillon, qui sillon-
nait, il y a 40 ans, les mers d'un pôle à l'autre, n'y
paraît plus qu'à de rares intervalles, c'est que Bordeaux n'a pas vu assez tôt que sa brillante destinée,
pour n'être pas passagère, devait tenir à autre chose
qu'à des créations d'un moment ; car ce que le ha-

sard fonde, le hasard peut tout aussi bien le détruire. Il fallait, pour se maintenir, qu'il s'établît
comme un centre autour duquel seraient venues se
grouper les contrées qui l'entourent, et que la nature elle-même semble avoir tout exprès séparées
du reste de la France par de grandes limites, telles
que la mer, les Pyrénées, une partie des Cévènes
et le bassin de la Dordogne.

Mais ce qui n'est pas fait peut se faire encore ; il
suffit d'observer ce qui se passe autour de nous pour
voir que le pays est encore en travail d'organisation, surtout d'organisation industrielle.

Cette nationalité que je revendique pour le Midi,
on devine bien que ce serait une nationalité toute
d'intelligence et de travail, ayant à sa tête Bordeaux ; Bordeaux qui peut, sans de grands efforts et
tout en travaillant à sa fortune, ramener le bonheur
et l'activité au sein des contrées qui connurent
long-temps ces deux biens, et que l'incurie seule
des hommes est venu appauvrir et décourager.

Les départemens que je comprends dans cette al-
liance industrielle et commerciale sont, comme on l'a
vu, ceux de la *Gironde, de Landes, des Hautes et Basses-Pyrénées, de l'Ariège, de la Haute-Garonne, du
Gers, de la Dordogne, de l'Aveyron, du Lot, de
Lot-et-Garonne et de Tarn-et-Garonne.*

Et comme, en dehors de cette énumération, il
reste encore bien d'autres départemens dans le
Midi, j'appellerai ceux dont je m'occupe, *départemens pyrénéens.*

Les moyens à mettre en vigueur pour atteindre

le but que je me propose, me paraissent être de deux sortes; les uns sont du domaine des *particuliers*, les autres du domaine de l'*Etat*.

Commençons par les premiers.

MOYENS D'AMÉLIORATION DU DOMAINE DES PARTICULIERS.

Établissement d'une Société industrielle dans le Midi.

Tout progrès littéraire, politique, industriel, n'importe lequel, a besoin, pour se manifester avec utilité et promptitude, d'une impulsion morale. Cette impulsion peut venir, soit d'un homme, soit d'une aggrégation. D'un homme seul elle est incertaine, et peut n'être pas durable : d'une aggrégation, elle est plus sûre, parce que, si elle a moins d'unité, elle a, d'un autre côté, plus de moyens effectifs, plus d'élémens de perpétuité, plus de force pour multiplier et étendre autour d'elle son réseau.

C'est donc à former cette aggrégation que d'abord mes efforts doivent tendre.

Mais ici, je dois le dire, je n'ai rien à inventer. Un modèle de société que je souhaite aux départemens du Midi pour les animer et les rendre pros-

pères, existe en France, et ce qui est encore plus
heureux à constater, c'est qu'un immense succès a
déjà couronné ses efforts.

On a dû deviner que je veux parler de la *Société
industrielle de Mulhouse*. Cette société, qui n'a que
quelques années d'existence, a rendu les services les
plus signalés à l'Alsace, je puis même dire à la France.
Autorisée, comme institution d'utilité publique, à
posséder, elle a déjà acquis ou fondé, par suite des
dons généreux de plusieurs de ses membres, un
vaste local pour ses séances, une bibliothèque, un
cabinet d'histoire naturelle, des instrumens de phy-
sique et de chimie. Elle possède de plus des terrains
où, dans l'intérêt de son avenir, elle a fait d'utiles
plantations.

Indépendamment de ces ressources qu'elle s'est
créées, elle encourage, par des récompenses toujours
en rapport avec l'importance des questions ou des
découvertes mises au concours, les personnes qui
répondent à son appel. Lorsque ses propres fonds
ne lui suffisent pas, elle invite les hommes que le
sujet de son programme intéresse à l'aider : et comme
elle inspire généralement la confiance, parce qu'il
n'y a dans ses vues ni égoïsme étroit, ni charlata-
nisme, elle trouve aisément des appuis. C'est ainsi
qu'elle a pu élever ses prix sur *l'emploi et les préparations de la garance à* 44,000 fr., et celui qui a
pour but de *déterminer un reservoir de force motrice
qui permette de retenir une partie de la puissance mécanique perdue*, question d'une extrême importance
en industrie, à 29,000 fr. Plus d'une fois même on a

vu des Étrangers venir solliciter d'elle l'honneur de
déposer en ses mains leur offrande, bien certains
que c'était contribuer par là au travail de quelque
grande découverte, ou au perfectionnement des arts
industriels.

Si une petite ville, à peine connue il y a trente
ans, et qui aujourd'hui encore n'est pas même chef-
lieu d'arrondissement, a pu inspirer autant de confiance, former des projets aussi utiles et obtenir des
résultats, qui plus d'une fois ont fait l'étonnement
du monde industriel; si de modestes manufacturiers,
n'ayant que quelques instans à dérober à la conduite
de leurs affaires, parlant pour la plupart avec quelque peine notre langue, habitués qu'ils sont dans les
usages de la vie ordinaire, à se servir de la langue
allemande, ont pu cependant, stimulés par un patriotisme élevé, produire des mémoires remarqua-
bles par leur portée et leur clarté, provoquer ou
résoudre des problèmes importans d'économie sociale, de mécanique industrielle, de chimie appli-
quée aux arts, etc., etc., etc., que doit faire Bordeaux avec ses cent mille âmes, ses capitaux inac-
tifs, sa vieille renommée et l'Océan à ses pieds!....
Que doivent faire les Bordelais, le jour où ils le voudront avec plus d'ensemble et de résolution..... ces
hommes à la conception prompte, à l'intelligence
vaste, à la parole facile, et qui, dans toutes les car-
rières et à toutes les époques, ont compté et comptent encore tant d'illustrations ! Combien vite, en
associant leurs efforts pour pousser les populations
endormies qui les entourent vers un progrès réel et

bien arrêté, ils reconnaîtraient qu'il est encore sous le soleil des richesses, richesses même qui sont à leur porte et non plus aux limites du monde.

Dans cette association que l'on pourrait appeler *Société industrielle de Bordeaux* entreraient tous les hommes appartenant aux départemens pyrénéens, qui par leur fortune, leur position sociale, leur patriotisme, leur capacité, voudraient concourir à donner quelque élan à l'industrie de leur pays. Le noyau une fois formé, le nombre des adhérens accroîtrait bientôt. Les uns seraient membres actifs, les autres membres correspondans, ces derniers seraient tenus au courant des travaux par le bulletin que publierait la Société à des époques déterminées.

La Société se diviserait, comme le fait celle de Mulhouse, en plusieurs Comités: *Comité de commerce, Comité d'agriculture, Comité des arts chimiques, Comité des arts mécaniques, Comité d'histoire naturelle*, etc., etc.; etc. Ainsi se caseraient commodément pour elles et dans un but utile, toutes les capacités, toutes les spécialités. Les relations de Bordeaux avec les différentes parties du globe lui faciliteraient à merveille les occasions de connaître et d'ouvrir de nouveaux débouchés. Il pourrait même s'établir à cet effet *un Comité d'informations*, qui ne serait ni le moins important, ni probablement le moins heureux dans ses recherches.

Voilà l'impulsion morale que je voudrais voir avant tout se former au sein des départemens pyrénéens. Les élémens y sont. Puissent-ils se réunir et sans retard commencer l'œuvre !

VOIES DE COMMUNICATION.

Chemins vicinaux et routes départementales.

La première garantie d'une production facile, abondante, avantageuse, se trouve être en tous lieux et plus particulièrement pour les pays arriérés et essentiellement agricoles, dans le nombre et le bon état des voies de communication. J'ai déjà dit (1) et je ne cesse de le répéter, là est la fortune, l'avenir, le salut de la France. Si l'on s'en fût inquiété plutôt, elles seraient bien moins effrayantes à envisager, les questions économiques qui préoccupent aujourd'hui si vivement les esprits, et embarrassent si fort les hommes d'état chargés de les résoudre.

C'est dès lors aux départemens pyrénéens, qu'il appartient de ne négliger aucun sacrifice pour multiplier les travaux de ce genre : mais comme ces

(1) *Elémens d'une nouvelle législation des chemins vicinaux, routes, et chemins de fer, rivières et canaux.*

travaux ne se font qu'avec beaucoup d'argent et qu'il est assez difficile de le trouver en abondance dans des contrées pour la plupart appauvries par toutes sortes d'épuisemens, ce serait au commerce bordelais qui ne manque pas de capitaux, à aviser aux moyens d'en rejeter une partie vers les lieux qui ont un si pressant besoin d'activer leurs travaux publics, qui à leur tour activeront la production, laquelle amènerait nécessairement un plus grand mouvement sur la place de Bordeaux.

Comme ces fonds ne se prêteraient que sur les votes des conseils généraux et en vertu d'une loi qui en stipulerait le remboursement au moyen de centimes additionnels, rien ne serait plus sûr qu'un pareil placement: et quelle impulsion ne donneraient pas dix ou douze millions répandus dans les départemens pyrénéens, pour améliorer les routes départementales, tracer et achever les grandes lignes de chemins vicinaux, canaliser quelques rivières, jeter les ponts les plus essentiels, élever des digues qui retiendraient dans leur lit des eaux toujours menaçantes pour les propriétés voisines?

Dès la session dernière des conseils généraux, plusieurs sommes très-importantes ont été votées pour de pareils travaux; malheureusement ce n'a pas été et ce ne pouvait pas être dans le rayon des départemens pyrénéens (1).

(1) Le département d'Indre-et-Loire a sollicité un emprunt de 1,900,000 fr. pour la création de routes cantonales : le département de l'Aude veut consacrer 1,200,000 francs et celui de la Loire un million pour l'achèvement de leurs routes. Le départe-

Quant au moyen le plus facile et le plus sûr de ramasser et d'offrir ces capitaux, on doit le trouver dans la banque de Bordeaux, en l'organisant comme nous le dirons plus tard ; c'est même l'expédient le plus convenable pour en étendre les opérations et populariser son papier dans les contrées voisines où il est à peine connu, et où cependant, par la grande difficulté des transports, il serait essentiellement avantageux. Ce moyen que je conseille est d'autant plus facile, que les capitaux sont très-abondans et souvent inutiles sur la place de Bordeaux : ce serait même une occasion très-heureuse de fixer dans notre pays avec avantage pour eux et pour nous, les capitalistes qui, fuyant les troubles de l'Amérique méridionale sont venus demander un asile à la France et notamment à Bordeaux. S'ils trouvent le placement assuré de leur immense fortune, il ne songeront pas à nous quitter pour courir de nouveaux hasards.

Les départemens qui ont le plus pressant besoin d'améliorer leurs routes et leurs chemins, sont la Dordogne, le Gers, les Landes, l'Ariège, l'Aveyron. Les rivières dont on devrait perfectionner le cours, sont la Garonne, la Gironde, le Lot, le Tarn, la Baïse, la Mi-Douze et l'Adour ; la Garonne sur-tout, qui avec le canal du Languedoc, est le grand lien des deux mers, réclame d'importans travaux.

Je n'ose parler de quelques canaux bien uti-

ment de Maine-et-Loire emploie cette année 400,000 fr. au travail de ses routes.

les cependant, et depuis long-temps en projet,
pour lier les contrées méridionales par un grand
système de navigation ; car quand on manque de la
subsistance du jour, comment songer au pain du
lendemain?

Les canaux, ne seront d'ailleurs avantageux pour
les concessionnaires, et leur utilité ne sera bien
démontrée, que lorsque tous leurs abords seront
nombreux et faciles.

C'est ce que les Anglais ont parfaitement compris, lorsqu'ils se sont occupés sérieusement de la
viabilité de leur pays. Partout chez eux, les grandes voies navigables, comme les grandes routes, ne
sont venues qu'après les petites lignes de vicinalité :
aussi la valeur de leurs canaux a-t-elle toujours été
en augmentant, tandis que le nôtres ne donnent
même pas pour la plupart, l'intérêt des sommes
qu'ils ont coûté.

MOYEN D'ACCROITRE LA CIRCULATION DES CAPITAUX.

L'enquête commerciale qui vient d'avoir lieu nous a appris combien l'absence des banques nuit au développement de l'industrie et du commerce ; ce dommage n'est pas moins réel pour l'agriculture : elle non plus ne peut marcher avec profit sans des capitaux abondans et à bon marché.

A quoi tient la riche agriculture de l'Écosse ? Personne n'ignore que c'est au secours de ses banques. Pourquoi les immenses défrichemens de l'Amérique reculent-ils tous les jours les limites des pays cultivés ? c'est parce que là encore, les capitaux des banques se prêtent et se multiplient avec une merveilleuse facilité. Par quoi l'agriculture des départemens pyrénéens qui doit être la grande industrie de ces contrées pourra-t-elle se perfectionner ? c'est évidemment par le développement du même système. Lui seul donnera un élan réel, un élan durable, et tuera l'usure qui la ronge, bien plus efficacement que les lois qui n'y peuvent rien.

Prenant en considération la gêne des départemens pyrénéens aussi bien que l'absence des connaissances financières qui se fait sentir partout où un grand commerce n'a imprimé ni son mouvement ni sa vitalité, je ne proposerai pas aujourd'hui comme remède à la pénurie des capitaux la création de banques départementales, mais seulement celle de succursales de la banque de Bordeaux. Les lieux les plus convenables pour placer les premières qui viendraient à s'établir me paraissent être Agen, Toulouse, Auch et Bayonne. Ainsi seraient desservis avec avantage et sans trop de frais, chacun des points compris dans le rayon commercial de Bordeaux. Quant aux capitaux nécessaires pour ces nouveaux établissemens, j'ai déjà dit que dans une ville riche comme Bordeaux, ce n'est pas là le point dont on doive s'inquiéter.

Indépendamment de l'avantage que les propriétaires gênés trouveraient à une circulation plus active des capitaux, les propriétaires riches auraient à leur tour, en prenant des actions, le moyen de placer solidement leur argent autrement qu'en nouveaux achats de terres, ce qui ne fait qu'ajouter à leurs embarras d'administration rurale, qui, plus qu'aucune autre, a des limites qu'il est sage de ne pas dépasser. De son côté, au moyen de ses succursales, la banque de Bordeaux éviterait les fortes dépenses qu'elle fait aujourd'hui pour rappeler l'argent dans ses caisses, ce qui diminue sensiblement ses béné-

fices. Ainsi, lorsque les négocians ou propriétaires
de l'Agenais et de l'Armagnac viendraient sur la
place de Bordeaux vendre leurs farines, leurs eaux-
de-vie, leurs vins, leur liége, au lieu de rapporter
comme ils le font des espèces sonnantes, on leur
donnerait soit des billets de la banque, soit, pour
plus grande sûreté contre tout accident de perte ou
de vol, un mandat sur la succursale la plus voisine
de leur localité, ce qui serait avantageux et commode pour tout le monde. A leur tour les succursales pourraient s'entendre avec les receveurs généraux qui donneraient à prendre sur les receveurs
particuliers et percepteurs ; et de tout cela décou-
lerait, d'abord une assez grande économie de temps
et d'argent, et ensuite un principe de vie qui
manque à ces contrées, que tout jusqu'ici semble
s'être plu à contrarier et à appauvrir.

En supposant que le roulement actif du jeu des
banques ne permît par le prêt direct aux propriétaires, surtout dans des contrées où l'on ne sent pas malheureusement assez l'importance de la ponctualité
comme base d'emprunt et de crédit, l'établissement
des succursales n'en serait pas moins un bienfait,
parce qu'autour d'elles se grouperaient des banquiers
honorables dont on aurait à bon marché les fonds
de seconde main, comme les obtiennent, dans les
villes d'industrie et de commerce, tous ceux qui n'ont
pas directement un crédit ouvert.

Je propose, avec d'autant plus de confiance, cette
modification aux statuts de la banque de Bordeaux,
que d'habiles financiers, en croient la réalisation et

le succès certain. Dans le nombre j'aime à citer particulièrement M. Émile Pereire dont l'opinion doit faire autorité en pareille matière.

Après ces modifications financières, il serait également avantageux d'en proposer quelques-unes pour simplifier le régime hypothécaire et l'expropriation forcée. Cette partie de notre législation n'est en rapport ni avec la perfection de nos autres lois civiles, ni avec les besoins d'une époque industrielle qui, avant tout, a besoin d'être débarrassée des complications de la chicane et des frais écrasans du fisc.

PERFECTIONNEMENT DE L'ÉDUCATION.

Songer à améliorer un pays et ne pas s'occuper d'éducation ce serait commettre un non-sens, et laisser étourdiment à élever une des colonnes de l'édifice.

Mais comme ici j'ai à m'interdire les détails sur tout ce qui tient aux généralités, pour pouvoir m'appesantir davantage sur les améliorations locales moins connues, moins abordées jusqu'ici, je ne vais que jeter quelques idées sur ce sujet, laissant à d'autres à les compléter, ou à un temps plus reculé à les développer moi-même telles que je les conçois, dans toutes leurs applications au travail industriel.

Ainsi je dirai, que suivre, en l'approfondissant seulement, l'ornière du passé, ne serait nullement réaliser un bien à faire.

L'éducation désirable n'est pas, pour les classes laborieuses, le savoir niais d'épeler des mots et de tracer des lignes ; pour les classes élevées et mieux partagées de la fortune, le savoir prétentieux de connaître avec détail tout ce qui s'est passé dans la Grèce et dans Rome, et rien, ou à-peu-près rien de ce qui se fait dans la France; mais bien, pour les premières, le savoir qui les moralise et les rend expertes dans les arts qu'elles cultivent : pour les secondes, le savoir qui se prête avec discernement aux exigences des positions diverses de la société, et fasse ainsi, qu'après dix ans d'étude, un jeune homme se sente propre à être autre chose qu'avocat, médecin, ou solliciteur importun du plus chétif emploi de l'administration publique : car il est vraiment déplorable de ne voir dans nos contrées méridionales, si j'en excepte cependant Bordeaux, que ces trois jalons auxquels s'accroche la jeunesse égarée par de petites idées de vanité de famille, et ne vienne à reconnaître, que lorsqu'il n'est plus temps, combien elle s'est abusée sur son plus bel avenir.

C'est aux conseils généraux que cette importante réforme est aujourd'hui dévolue : puissent-ils à la fois la bien comprendre et l'exiger au plus tôt !

QUELS SONT LES ÉLÉMENS DE RICHESSE A ENCOURAGER, ET A DÉVELOPPER AU SEIN DES DÉPARTEMENS PYRÉNÉENS?

Une fois les élémens de l'esprit moral, industriel et scientifique qui doit pousser les départemens pyrénéens, bien déterminés, et les ressources propres à créer des capitaux et à étendre les voies de communication, indiquées, je vais m'occuper des divers articles de production que l'étranger peut leur demander, et qu'ils sont à même de créer avec leurs ressources actuelles; car c'est de là aussi que dépend le succès des efforts qu'ils pourront tenter.

Deux partis sont à prendre pour faire avancer ces départemens; l'un, de les pousser vers le développement de l'industrie manufacturière, l'autre vers le perfectionnement de l'industrie agricole.

Quand on connaît l'état de ces contrées et celui des autres parties de la France, on est peu porté à opter pour l'industrie manufacturière.

Sans doute, si tous les départemens de la France étaient à leur point de départ, je ne vois pas pourquoi ceux de notre Midi n'auraient pas pour eux des chances de réussite : les toiles du Béarn, les tricots et autres lainages de Bagnères, la draperie de Castres, les soieries de Nîmes, d'Avignon, de Montpellier prouvent assez que les hommes du Midi ne manquent ni de l'intelligence, ni de la volonté nécessaires pour réussir dans la carrière de l'industrie. Mais comme le Nord a par bonheur pour lui, par malheur pour nous, déjà pris les devans ; que, loin d'y être insuffisante, la production y est au contraire parfois trop abondante ; comme il faut d'immenses capitaux pour débuter, marcher et réussir ; que ces capitaux nous manquent, et que nous n'en trouverions pas facilement au-dehors pour des entreprises qui auraient inévitablement des rivaux dangereux à combattre ; comme d'ailleurs le progrès manufacturier ne se développe jamais sans qu'on fasse ce que l'on appelle en industrie *des écoles*, je dois prudemment conseiller autre chose.

Je ne dis pas qu'un jour, lorsque nous aurons créé des capitaux, mis en mouvement nos ressources naturelles, et que des bras nombreux resteront inoccupés, on ne puisse tenter avec avantage quelque industrie manufacturière : mais d'abord ne commençons pas par là. Une carrière plus sûre, plus facile, s'offre à nous ; nous lui devons à bon droit la préférence.

L'agriculture, avec des soins et de l'à-propos,

peut relever les départemens pyrénéens, y ramener
la richesse, y faire fleurir le commerce. Ne com-
mettons pas l'énorme faute de courir après des élémens de fortune mille fois plus chanceux.

Sans doute l'art agricole ne nous est pas inconnu,
en ce sens que nous labourons nos terres, que nous
fauchons nos prés, que nous taillons habilement
nos vignes. Mais produisons-nous avec entente des
besoins de la France et des peuples avec qui nous
pouvons être en rapport, produisons-nous aussi
aux conditions les meilleures et les plus économiques : voilà ce que j'ose contester.

S'il était vrai, comme on l'a dit parfois avec quelque peu d'exagération, que nos terres n'eussent de
la valeur que pour porter de la vigne, oh! alors on
aurait raison contre moi. Mais s'il est vrai qu'à l'exception de quelques côteaux maigres et caillouteux
du Médoc, du Bazadais, du Quercy, et des terres in-
grates d'une partie de l'Armagnac, le sol des départemens pyrénéens est tout autant et même plus
favorable à la production du règne végétal en général qu'aucune autre contrée de la France, je ne
vois pas pourquoi on ne voudrait pas varier davantage ses cultures, et ajouter d'autres récoltes à
celles des vins et des céréales.

C'est là un point capital, et vers lequel j'appelle
toute l'attention de la Société industrielle de Bordeaux, car dès ce moment je m'avance à la person-
nifier et à la mentionner comme si elle existait; tant
cette idée me plaît et me semble en tous points réa-
lisable. Voici la direction vers laquelle elle aurait à
pousser les intérêts agricoles.

Culture du mûrier.

La production de la soie a toujours été en France au-dessous du besoin de nos fabriques. Nos importations vont communément de 3o à 4o millions.

Aujourd'hui, que la sortie de la soie non ouvrée a été permise, moyennant un droit, le défaut de la production sera bien autrement senti.

Devant un tel besoin, je ne comprends pas comment nos agriculteurs ne cherchent pas à multiplier le mûrier. La gêne des départemens pyrénéens devrait surtout porter leur attention sur ce point.

Ce serait une grave erreur que de croire que leur température ne conviendrait pas à cet arbre. Il en existe d'isolés et fort anciens dans leur rayon, qui sont la preuve du contraire. Je puis citer, d'ailleurs, mille points très-elevés de l'Ardèche, des Cévennes et des montagnes du Jura, où je les ai vu croître et produire aussi bien que dans les plaines de la Provence, quoique sous une température évidemment plus froide que celle des départemens pyrénéens. Dans la Tourraine, qui est à notre septentrion, on en voit qui sont du temps de Colbert : quelques-uns même, dit-on, datent du règne d'Henri IV. Depuis quelques années, on a introduit la culture du mûrier bien plus au nord encore, puisqu'on en trouve près de Paris, en Normandie, en Alsace, en Belgique, en Prusse même.

L'une des plus belles soies qui aient paru à la

dernière exposition des produits de l'industrie nationale était, sans contredit, celle de M. Camille
Beauvais, ancien et célèbre manufacturier de Lyon;
il l'a fait venir sur sa propriété, située dans le département de Seine-et-Oise.

Je ne prétends pas dire et ne veux pas garantir,
non plus, que dans chacune des régions que je viens
de citer, et où l'on essaye le mûrier, sa culture doive
être, année moyenne, avantageuse; car je suis assez
porté à croire que le mûrier ne vient bien et ne
donne à propos sa feuille que là où croit dans toute
sa sève et son abondance la vigne : mais ce qui est
un doute chez moi pour les contrées septentrionales, ne l'est pas du tout pour notre zone tempérée
où croissent partout en plein vent le pêcher, l'a-
bricotier, le figuier, le grenadier même.

Je tiens d'autant plus à recommander la culture
du mûrier, qu'il ne nuit que faiblement aux autres
cultures, étant soumis à la taille et à l'effeuillage.
Par exemple, dans les grands vignobles destinés à
produire des alcools, comme nous en avons tant
dans l'Armagnac et le pays de Marmande, ne pour-
raient-ils pas être jetés en grand nombre et remplacer avec avantage bien d'autres arbres qui ne
portent ni fruits ni bois utiles, et cela sans diminuer
en rien ni la quantité ni la qualité alcoolique des
vins ? Le mûrier ne pourrait-il pas encore servir à
former les clôtures, et être substitué avec grand profit à l'aubépine, au prunier sauvage et autres ar-
bustes à racines traçantes, et par cela même nuisi-

bles aux végétaux utiles sans la moindre compensation ?

On évalue communément le prix de la feuille d'un
beau mûrier, à 5 fr.; qu'ón juge dès-lors avec quelle
facilité tout propriétaire, même d'une moyenne fortune, pourrait ajouter à son revenu; et du moins
cette partie de son exploitation ne serait sujette
ni à la grêle, ni à la coulure, ni aux inondations,
fléaux non moins terribles que fréquens dans nos
contrées.

Sans altérer sensiblement leurs autres revenus,
les départemens pyrénéens pourraient facilement
produire 10 à 12 millions de soie : et comme ce
serait aux portes de l'Angleterre, Bordeaux aurait
tout à gagner au mouvement de ce produit. De 1820
à 1831 l'Angleterre a importé, en soies écrues et
moulinées, 41,904,868 livres pesant.

Quant au moyen d'encourager la culture du mûrier, il me paraît très-facile. La première mesure à
prendre serait que la Société industrielle proposât
un prix de 1,000 fr. pour les pépiniéristes qui, dans
chacun des départemens pyrénéens, arriveraient à
produire 20 à 25 mille plants ; et un prix de 500 fr.
pour les propriétaires de ce même département,
qui auraient un millier d'arbres ou mille mètres de
clôtures. Des prix secondaires seraient réservés à
ceux qui approcheraient le plus de ces résultats.

Par là, l'émulation se répandrait bientôt dans
le pays ; et l'empressement serait bien autre, lors-
què les premiers profits rendraient la spéculation
évidente pour tous.

Les deux qualités de mûrier qui me paraissent mériter le plus l'attention des cultivateurs et que l'on a cependant toujours négligées jusqu'ici, sont le mûrier *multicaule*, originaire des îles Philippines, et le mûrier nain dont on tire un grand parti en Chine. Le premier croît avec une merveilleuse facilité, il vient même de bouture; le second est précieux parce qu'il peut se cultiver sur les terrains les plus ordinaires, et qu'étant tenu très-bas, il contrarie peu les cultures environnantes.

Lin et chanvre.

Malgré la grande extension qu'ont prise les tissus de coton, les tissus de lin et de chanvre n'en ont pas moins conservé leur vogue; et si la matière première était moins chère et plus commune, cette vogue serait aujourd'hui bien autrement grande.

Indépendamment des besoins de la France, il y a ceux de l'étranger, notamment de l'Angleterre. Depuis que dans ce pays on a perfectionné les machines propres à la filature du lin, les filateurs ne savent trop rechercher la matière première. Ils enlèvent sur le continent jusqu'à l'étoupe, et pénètrent dans ce but très-avant dans l'intérieur de la France. Que serait-ce si, dans le voisinage de Bordeaux, ils trouvaient ce produit abondant? et quel pays plus favorablement placé pour lui que les départemens pyrénéens qui renferment tant d'excellentes terres dans les bassins de la Garonne, du Tarn, de la Baïse, de l'Adour.

On connaît depuis long-temps la bonté des lins du Béarn et des chanvres d'Agen. Pourquoi dès-lors ne pas chercher à étendre la culture de produits qui ont leur réputation faite ? indépendamment du bénéfice de la tige on aurait celui de la graine.

L'huile de lin, qui est la plus siccative des huiles connues, est très-recherchée dans le commerce pour la peinture ; et aujourd'hui, que par suite du perfectionnement de l'art de la construction, on fait un grand usage de la peinture à l'huile, et que l'on peint même jusqu'aux extérieurs des maisons, la vogue de ce produit ne peut que se maintenir.

On n'a su jusqu'à présent produire dans nos contrées que les lins et les chanvres propres aux emplois de ménage, ou à la faible fabrication des toiles de Béarn, des cordages de Bayonne, de la voilure d'Agen et de Tonneins ; tandis que l'important serait d'en faire un objet d'exportation, soit pour le nord de la France, soit pour l'Angleterre. Indépendamment de la fertilité du sol, la douce température de notre climat, l'abondance de nos bras, le bas prix de la main-d'œuvre, la masse de nos eaux courantes et la multiplicité de nos prairies pour l'opération du rouissage ; tout nous y invite.

La Société industrielle aura à fonder des prix pour les propriétaires qui, les premiers, livreront, au commerce une masse importante de ce produit.

Ce n'est pas trop que d'évaluer à la somme de cinq à six millions la quantité de lin et de chanvre que le Midi pourrait exporter.

Depuis 1825, époque du perfectionnement des

machines anglaises pour la filature du lin à la mécanique, la moyenne de l'importation du lin et de l'étoupe s'est elevée à 100 millions de livres pesant, et celle du chanvre brut à 5o millions.

L'importation de la graine de lin et de chanvre a été de plus de deux millions de boisseaux.

N'est-ce pas là un immense encouragement pour hâter la production de ces denrées dans nos contrées méridionales ?

Plantes oléagineuses.

Les huiles sont un des grands besoins de la France : nous en importons, chaque année, pour plus de 3o millions ; et comme la plus grande partie de ce produit est destinée aux usages de nos fabriques, et qu'il importe dès-lors fort peu qu'il provienne du fruit de l'olivier ou de toute autre graine, je ne vois pas pourquoi les départemens pyrénéens ne songeraient pas à remplir une partie de cette lacune dans nos richesses agricoles.

Le département du Nord, qui est un des mieux cultivés, mais non pas certainement un des plus fertiles de la France, doit sa richesse autant aux plantes oléagineuses qu'à tout autre produit agricole ou manufacturier. Il n'est pas un seul des départemens pyrénéens qui ne soit aussi bien partagé pour la culture du même produit. Leurs meilleures terres seraient destinées au colza ; les terres moyennes à la navette ; les terres légères et sablonneuses au pavot.

Indépendamment du bénéfice des huiles, nous aurions des résidus qui seraient une heureuse ressource pour l'engrais des terres et la nourriture des animaux.

La culture des plantes oléagineuses est immense en Belgique et en Angleterre, et contribue beaucoup à la richesse de ces contrées. Depuis quelque temps elle s'étend même dans les régions les plus septentrionales, notamment dans la Suède et la Norwège ; et nous, si favorablement placés, à peine la connaissons-nous.

Pour cette récolte encore, nous serions à l'abri des gelées du printemps, dont nos vignobles éprouvent tant de dommage. Le malheur du midi de la France, je ne cesserai de le répéter, est de ne pas assez varier la culture, et par là de tout soumettre aux mêmes chances.

Le premier cultivateur qui livrera au commerce 5o hectolitres d'huile, aura bien mérité de la Société industrielle et donné un bel exemple à ses concitoyens. La navigation bordelaise y trouvera aussi son avantage, car la multiplicité des fabriques du Nord fera demander ce produit par le Hâvre et Dunkerque.

Une fois la culture des plantes oléagineuses établie en grand, on avisera au moyen de multiplier et de perfectionner les moulins à huile et les procédés d'épuration. Ce n'est pas trop que de porter à 10 millions la production possible des huiles dans les départemens pyrénéens.

Graines fourragères.

La supériorité des prairies artificielles sur les prairies naturelles n'est plus contestée ; tout le monde sait aujourd'hui de quel avantage elles sont pour l'amélioration et la multiplicité des animaux de travail et d'engrais ; mais ce n'est pas seulement sous ce rapport que j'en conseille la culture aux départemens pyrénéens, c'est encore sous le point de vue bien important de la production des graines fourragères. Au nord, elles mûrissent difficilement ; et dans le cas même d'une pleine maturité, on ne les dépouille qu'à grands frais de leur enveloppe. Trop au midi, la sécheresse arrête leur entier développement, ou la chaleur les fait égrener avant qu'on ait le temps d'en faire la récolte.

C'est dire qu'il appartient aux pays tempérés seuls de s'occuper avec avantage de la culture de ce produit : et c'est là la véritable catégorie dans laquelle il faut classer les départemens pyrénéens.

Déjà en possession de produire les meilleurs blés de la France, ils peuvent, dès qu'ils le voudront, conquérir le privilége de fournir les meilleures graines fourragères. Cet article seul pourrait donner lieu à un échange considérable avec l'Angleterre et le nord de l'Europe : c'est là un point capital à recommander à la Société industrielle.

Déjà le département des Hautes-Pyrénées a ouvert la production et le marché de cet article ; il l'a fait avec assez d'avantage, mais ce n'est rien à côté de l'impulsion que ce commerce peut recevoir.

Fruits secs.

Le luxe des fruits secs est aujourd'hui général. On le retrouve jusques sur les tables les plus modestes, en France comme à l'étranger. Les prunes d'Agen entrent avec avantage au nombre de ces fruits. Malheureusement pour les producteurs de cet excellent article le commerce s'en fait mal, et dès-lors la consommation en est beaucoup affaiblie.

Ce qui se vend dans le département de Lot-et-Garonne 20 à 25 centimes la livre, pris en gros, se vend en détail ailleurs, et surtout à Paris, 60 à 75 centimes. Les intermédiaires ont ici un beaucoup trop grand bénéfice. Pour remédier à ce mal, je conseillerai à quelques producteurs d'établir eux-mêmes un dépôt à Paris, et dans ce cas de s'adresser aux consommateurs plutôt qu'aux marchands. Pour cela il faudrait remplacer les caisses de 50 et de 100 livres pesant par des caisses de 10 et de 20 livres. Il faut qu'Agen fasse ce que Marseille a fait pour les olives, les câpres, le thon, etc. Ce n'est qu'en facilitant la vente par petits approvisionnemens et à des prix modérés qu'on est parvenu à un débit considérable et constant.

A la préparation si parfaite de la prune, je ne sais pourquoi Agen ne joint pas celle de la figue. Le figuier de la Provence vient parfaitement dans nos contrées. Il est même probable que la figue serait plus abondante dans les environs d'Agen que

dans les Bouches-du-Rhône, où les grandes séche-
resses lui nuisent souvent.

A ces deux préparations on pourrait en joindre
une troisième, celle du raisin. Le département de
Lot-et-Garonne a toujours produit du beau et bon
raisin, qui ne pourrait que conserver ses qualités
en passant à l'état de fruit sec. La Provence et quelques contrées de la Grèce font un commerce considérable et fort avantageux sur ce produit ; il n'i-
rait pas mal aussi à quelques départemens pyrénéens, notamment à ceux de Lot-et-Garonne, du
Gers, du Lot, de la Gironde, tous essentiellement
vignicoles ; l'Angleterre prendrait beaucoup de ce
produit, car elle en importe aujourd'hui de divers
lieux, malgré des droits bien élevés, plus de 40 millions de livres.

Ce serait pour Bordeaux la compensation du commerce des pruneaux communs, dont il trouvait le
débouché dans les anciennes colonies.

Nous ne devons jamais perdre de vue que la per-
manence du commerce anglais tient à l'habileté de
nos voisins à remplacer une branche de production
qui chûte par une autre branche qui prospère, ou
bien un débouché qui se ferme par un autre débouché qui s'ouvre. Nous, au contraire, sans aucune
résolution ferme et sans cet esprit de suite que demande, avant tout, le maniement des grandes affaires, nous nous désolons au moindre contre-temps,
nous nous décourageons et ne savons presque jamais
qu'attendre d'un aveugle hasard le retour à la for-

tune ; comme s'il ne dépendait pas plutôt de la sagesse et de la prévoyance humaines.

Garance.

La culture de la garance est déjà connue en France ; on l'exploite avec avantage en Alsace et dans le département de Vaucluse. Nos fabriques emploient de plus en plus cette plante tinctoriale; on en consomme aussi beaucoup en Angleterre : ce pays la prend à Avignon et dans le Levant ; on conçoit que s'il la trouvait dans des localités plus voisines, il la prendrait de préférence, car elle est d'un transport assez coûteux.

La garance demande un bon terrain, mais de qualité légère : à ces conditions plusieurs points des départemens pyrénéens lui conviendraient parfaitement. Sa culture exige beaucoup de main-d'œuvre, et comme elle n'est point chère parmi nous, ou, du moins, bien moins chère qu'en Alsace ou dans Vaucluse, c'est une raison de plus pour la recommander.

Nos exportations sur cet article dépassent aujourd'hui 6 millions de francs. L'Angleterre et les Etats-Unis en prennent à eux seuls pour 3 millions. C'est dire que Bordeaux pourrait sans peine attirer à lui la plus grande partie de cette importante exportation. L'importation de l'Angleterre en garance de toute provenance, de 1820 à 1850, approche de 80 millions de livres pesant.

La Société industrielle sentira l'avantage de porter sur ce point son attention.

4

Fabrication du sucre de betterave.

Le sucre de betterave n'est plus aujourd'hui un sujet de plaisanterie; sa production atteint déjà le chiffre énorme de 18 millions de kilogrammes, c'est à-peu-près le cinquième de la consommation générale de la France.

Le département du Nord possède à lui seul plus de soixante fabriques en exercice, uniquement destinées à ce produit; et, loin de s'arrêter, le mouvement d'ascension continue avec une grande activité: il gagne même les pays étrangers; car on essaie en ce moment la fabrication du sucre en Prusse et en Pologne; et, au Midi, le royaume de Naples va très-prochainement posséder un établissement ayant la même destination, et monté sur une très-vaste échelle.

Ainsi, nous voilà peut-être à la veille de voir s'opérer une révolution complète dans le commerce et la production du sucre. C'est à nous, habitans d'une contrée spécialement agricole et d'une heureuse fertilité, à ne pas rester indifférens en face du développement de cette nouvelle et puissante ressource de l'agriculture moderne.

Je comprends fort bien, qu'à plus d'un titre, Bordeaux puisse tenir au sucre colonial et des provenances de l'Inde. Mais si cependant il était destiné à plier sous son terrible adversaire, ne vaudrait-il pas mieux prendre sa part d'un nouvel élément de richesse, que de tenir avec opiniâtreté et sans cal-

cul, à ce qui porterait un germe de faiblesse et peut-
être de mort? Le point important d'un port de mer,
c'est d'être la clé d'un pays riche et industrieux.
Quelle que soit la richesse produite, elle donne lieu
au mouvement et à l'échange; et le mouvement et
l'échange enrichissent ceux qui les font.

D'après des données qui m'ont été fournies, et
auxquelles je suis fondé à croire qu'on peut accor-
der quelque confiance, il paraîtrait que le sucre de
betterave aurait des chances de pouvoir, avant peu,
lutter avec un assez grand avantage, non pas seulement avec les sucres d'Amérique, mais encore avec
ceux de l'Inde : et ce qui prouve qu'il y a quelque
vraisemblance à cela, c'est qu'en ce moment, dans
le département du Nord où l'on entend si bien tous
les genres de culture avantageux, les terres em-
ployées à la production de la betterave sont celles
qui donnent le revenu net le plus élevé, bien que
les appareils propres à la cuisson et à l'évaporation
des sirops soient loin d'être parfaits et assez multi-
pliés surtout, pour épargner sur les frais de transport de la matière première naturellement très-en-
combrante. Il est vrai qu'un droit protecteur très-
élevé favorise le sucre indigène ; mais aussi ne fait-
il que de naître.

Sans donner comme positives toutes les espérances conçues sur ce produit, j'ai cru du moins devoir
appeler sur lui l'attention de mes compatriotes ;
mais je ne saurais cependant trop les prévenir de ne
pas s'adonner trop légèrement à une industrie qui,
bien que séduisante, n'en a pas moins ses écueils.

Pour prospérer, elle demande à être aussi bien apprise dans tous ses élémens, que bien conduite dans sa marche. Quelques essais assez malheureux faits dans le Midi, et qui devaient nécessairement l'être d'après le peu de précautions prises et manque d'habitude de manipulation, viennent à l'appui de mes pressantes recommandations.

Perfectionnement des industries déjà existantes.

Il est naturel de penser qu'aux industries nouvelles que j'indique, je désire que l'on joigne le perfectionnement de celles qui sont déjà connues.

Ainsi, dans les départemens pyrénéens comme ailleurs, il importe de mettre la culture alterne à la place du système des jachères. Le perfectionnement des races d'animaux et les soins à donner à leur éducation y sont non moins essentiels que dans les autres contrées de la France.

L'art vignicole lui-même, quoique généralement bien entendu, peut être perfectionné sous certains rapports. Ainsi, le choix des ceps n'est pas fait partout avec intelligence : l'art de conserver ou de rendre au sol sa fécondité pourrait être mieux calculé ; la science surtout ne sert pas assez souvent de guide à ceux qui s'occupent de la fabrication et de la manipulation des vins (1).

(1) Un jeune savant, M. le docteur Boucherie de Bordeaux, a commencé des travaux chimiques sur les vins qui promettent d'heureux résultats. Il est vivement à désirer qu'ils soient poursuivis.

L'art de la distillation, bien qu'en progrès depuis quinze ans en Armagnac, a cependant de nouveaux perfectionnemens à faire.

Mais ce qui importerait, avant tout, à la prospérité de l'industrie vignicole comme aux profits du commerce bordelais, ce serait d'arriver, si ce n'est à détruire, du moins à limiter la fraude qui se fait en France et à l'étranger, des vins et eaux-de-vie de qualité que produisent les départemens pyrénéens. Par des coupages plus ou moins adroits, on centuple une production nécessairement limitée, et cela non seulement en dehors des bénéfices, mais encore au grand détriment des véritables producteurs et expéditeurs.

Cet état de choses est très-fâcheux : et puisque l'on est arrivé à assurer assez efficacement l'origine de tant d'autres produits de l'industrie, notamment des étoffes, ne pourrait-on pas arriver à des garanties plus certaines qu'on ne les possède en matière de liquides ? Ce serait à la fois répondre aux vœux des consommateurs, et payer de leurs soins toujours coûteux les producteurs des vins rares.

Par exemple, ne serait-il pas possible d'établir pour les hautes qualités un numéro d'ordre attaché à chaque futaille, avec l'indication du cru, de l'année des vins, du nom du propriétaire et expéditeur; le numéro d'ordre serait essentiel surtout,

M. A. Julien de Paris a également remplacé avec avantage l'ancien collage par une méthode plus rationnelle. Le collage par le blanc d'œuf est, sous tous les rapports, l'art à son enfance.

parce qu'il serait moins facile de le prendre que d'usurper toute autre indication. Ainsi, il serait bien certain que si des numéros expédiés pour le Nord étaient annoncés comme étant en vente dans une contrée du Midi, ce ne pourrait être qu'une fraude évidente.

Un autre moyen serait que les grands négocians de Bordeaux, ou les grands propriétaires de vignobles établissent sur divers points de grande consommation, des dépôts qui offrissent, par le choix qui serait fait des surveillans et par un réglement sévère et prévoyant pour la conduite des caves, une garantie sûre pour la confiance que donnerait aux établissemens le consommateur, jusqu'ici si inquiet d'être trompé.

On sait que je ne puis ici que donner de rapides indications sur les remèdes qui peuvent être les plus propres à guérir un grand mal : mais j'ai l'espoir que s'il se forme à Bordeaux un centre où toutes les bonnes idées viennent converger, on arrivera à une solution prompte et décisive.

COLONISATION DES LANDES DE BORDEAUX
A BAYONNE.

Maintenant j'arrive à l'amélioration qui complète la série de celles que je confie aux efforts et au patriotisme des particuliers. Je l'ai réservée tout exprès la dernière, parce que, bien qu'elle ne doive pas être immédiatement la plus profitable, elle le sera cependant un jour. Elle a d'ailleurs un caractère de grandeur qui la met à part, et qui promet de donner aux citoyens qui la réaliseront, et au gouvernement qui la favorisera, la part de gloire inséparable de la plus vaste comme de la plus utile entreprise.

Les avantages de la colonisation des landes de la Gascogne sont si évidens, que je ne saurais les mettre un moment en question; et mon étonnement est grand, lorsque je songe à tout le sang versé, à tous les trésors dépensés depuis cinq cents ans pour conquérir au loin des terres, lorsque nous laissons en

friche les terres de la France. Cette incurie est surtout impardonnable de la part des Bordelais, qui
négligent par là la source la plus réelle de leur développement commercial et l'occasion certaine d'en
assurer la perpétuité. Ils semblent même envier en
ce moment aux Marseillais les côtes d'Alger et les
déserts de l'Arabie; mais n'ont-ils pas, eux aussi, à
visiter en trois journées les côtes de la riche Angleterre, et avec cela, un vaste désert à leur porte, et
désert bien autrement facile à féconder que celui
qui touche à la rive africaine? et là du moins le cri
sauvage et le fer meurtrier du Bédouin ne viendraient
pas troubler la joie et suspendre à tout moment les
travaux du laboureur.

La plupart de ceux qui se sont occupés des moyens
d'améliorer les landes de Bordeaux ont mis en première ligne la culture; en second lieu, le boisement.
Pour moi, j'intervertirai cet ordre, et je suis per-
suadé que les personnes qui connaîtront bien la nature des lieux, les ressources et les besoins du pays,
partageront cette opinion. Voici les raisons sur lesquelles je me fonde.

Les départemens pyrénéens ont assez de céréales
pour que l'on ne sente pas le besoin d'en étendre la
culture; et l'on n'ignore pas que c'est là le premier
produit que l'on demande à la terre nouvellement
défrichée dans cette région de la France.

D'un autre côté, il faut reconnaître que le sol des
Landes qui, en général, se compose d'un sable léger
assis sur une couche de tuf imperméable, plus ou

moins épaisse, ne se prêtera jamais que difficilement
à une culture avantageuse.

La double récolte de seigle et de millet, obtenue
aujourd'hui dans les cultures éparses çà et là, ne
prouve rien en faveur de la bonté de ce sol, bien
que quelques écrivains l'aient beaucoup vantée : cela prouve seulement qu'ils ont jugé superficielle-
ment les choses et qu'ils n'ont pas vu que cette fé-
condité, en effet fort extraordinaire puisqu'elle se
renouvelle chaque année et sur le même sol, était
tout-à-fait factice et uniquement produite par l'immense quantité de fumier jetée sur un petit espace.
À ce prix, les rochers eux-mêmes seraient féconds.

La vérité est que les terres réellement propres
au labourage dans les landes de Bordeaux sont l'exception, et se trouvent très-irrégulièrement répan-
dues sur cette immense étendue. On les trouve
d'ordinaire le long des eaux courantes et près des
grands bassins qui bordent les côtes de l'Océan.

En supposant même que toute la contrée située
entre Bordeaux et Bayonne pût être appropriée à la
culture, je ne pense pas qu'il fût sage de recourir à
ce seul expédient pour en tirer parti. D'abord les
hommes manqueraient, ensuite les capitaux.

Les hommes sans doute ne sont pas rares en
France; mais il ne faut pas croire non plus qu'ils se
déplaceraient facilement au gré de ceux qui le dé-
sireraient et le croiraient utile. On a quelquefois
proposé, pour se débarrasser du trop-plein de la
population des villes, l'établissement de colonies
agricoles; mais, je l'avoue, je ne puis partager les

espérances de ceux qui attendent de bons résultats
de ce moyen. N'aurait-on pas devant soi le triste
sort des colonies belges et hollandaises, que la raison seule et l'observation devraient dire quelle est la
destinée qui les attend partout où l'on en tentera
l'essai ?

C'est qu'en effet les hommes des villes ne sont
pas de la trempe de ceux qui fécondent les cam-
pagnes. Pour les uns et pour les autres c'est une
autre marche, d'autres mœurs, une action, une volonté différentes. Quelques mois suffisent à faire un
tisserand, un filateur, un ouvrier maçon ; il faut des
années pour faire un cultivateur, parce que chaque
jour a son travail, chaque végétal sa culture, chaque
coin de terre ses qualités particulières.

L'obstacle des capitaux, sans être aussi puissant,
n'en est pas moins réel. Pour toutes les opérations
attachées à un aussi vaste défrichement, il faudrait
trois à quatre cent millions.

Le boisement présente de bien autres résultats.

Autant le sol des Landes, considéré dans sa gé-
néralité, est peu favorable à la culture, autant il
offre des avantages sous d'autres rapports. Les arbres verts, notamment le pin maritime, y croissent
avec une merveilleuse facilité et presque sans le
concours de l'homme. Les sables les plus stériles ne
sont pas rebelles à cette culture : la partie même
des sables mouvans, que les vents transportent et
agitent presque à l'égal des flots de la mer, sont
fixés par des semis habilement dirigés. Le pin, à son
tour, sert à de nombreux usages.

La dépense du boisement ne s'élèverait qu'à un quart environ des frais de culture.

Pour donner une idée de la marche qu'il faudrait imprimer à l'entreprise, je vais examiner les questions suivantes :

Qui devrait coloniser?

Comment entrer en possession des terrains?

Quelle serait la dépense de l'un et de l'autre système de colonisation?

Comment trouver les capitaux nécessaires et quelles seraient les conditions à imposer aux concessionnaires de la colonisation?

L'exécution de canaux dans les Landes est-elle facile et sûre?

Qui devrait coloniser?

Selon M. Deschamps, inspecteur général des ponts-et-chaussées et auteur d'un projet plein d'excellentes vues sur la canalisation des Landes, leur étendue serait de 750 lieues carrées. Ces landes appartiennent à des particuliers, à des communes, à l'état. Je mets pour le compte de ce dernier 500 lieues carrées ou bien un million d'hectares. Faut-il conclure de là que c'est au gouvernement comme absorbant les deux tiers de ce grand désert qu'il appartient de s'occuper de son défrichement. Non, telle n'est pas ma pensée. — Le gouvernement au contraire me semble moins que personne propre à un travail de cette nature qui exige si impérativement toute la sollicitude du père de famille, une surveillance active, une grande intelligence des choses de détail, une connaissance des lieux plus exacte que ne pourraient probablement l'avoir des agens étrangers à la localité et nommés par l'administration publique.

Une grande association d'intérêts privés, d'intérêts bordelais surtout, est beaucoup plus propre à une pareille entreprise. — Le gouvernement ne pourrait que gagner à l'abandon, même gratuit du terrain, car loin de lui être profitable, il lui est à charge, puisque chaque année on dépense des sommes assez fortes pour opérer et étendre la fixation des Dunes et suffire à l'entretien de la route de Bordeaux à Bayonne, qui par cela même qu'elle traverse une région inculte, entraîne d'énormes frais de transport et d'achat de matériaux.

Le gouvernement d'ailleurs fît-il un sacrifice, qu'il en retrouverait un jour la compensation dans l'augmentation des richesses de la France et l'accroissement de sa population.

Comment entrer en possession des terrains?

Il ne faut pas se dissimuler que la mise en possession du terrain des Landes aujourd'hui sillonné en tous sens et en toute liberté par des troupeaux nomades n'éprouve des difficultés. Cependant si l'on sait s'y prendre, si l'on ne heurte point de front les intérêts qui se trouveront lésés, si l'on compense par des avantages positifs le dommage que l'on causera malgré toute précaution, si l'on donne quel-

que indemnité pécuniaire aux communes pour élever leur maison d'école, leur mairie, leur presby-
tère; si l'on fait aux particuliers pauvres quelques
avances pour mettre en valeur leur ancienne ou
leur nouvelle part du terrain, si en procédant au
bornage, on ratifie, au lieu de les chicaner, les usur-
pations qui ne seront pas par trop exorbitantes, des
propriétaires riches, rien ne sera plus aisé que de
marcher rapidement à la colonisation.

Quelle serait la dépense de l'un et de l'autre système
de colonisation?

En opérant sur un million d'hectares, et en prenant le boisement pour agent principal de la colonisation, voici les résultats où l'on arrive, résultats
sans doute approximatifs, mais suffisans toutefois,
puisque aujourd'hui il ne s'agit que de démontrer
l'utilité de l'entreprise.

Dans cette hypothèse je suppose les neuf dixièmes
du terrain en plantation ou semis d'arbres. Le dernier dixième livré à la culture. Sans exclure les autres essences je ne mentionnerai ici avec détail, que le
pin maritime et le peuplier, parce que ceux-là sont
d'une plantation facile et que la réussite en est as-
surée.

Frais de la partie boisée.

Graine de pin maritime, à 20 kilogrammes par
hectare et à 1 fr. d'achat le kilogramme; pour
900,000 hectares. 18,000,000
Travail d'ensemencement, à 10 fr. par hectare,
pour 900,000 hectares. 9,000,000
Logemens de cinq cents gardiens, à 1,000 fr. par

Report : 27,000,000

Apport :	27,000,000
logement, pour cinq cents logemens.	500,000
Achat et transport de neuf millions de peupliers à 1 fr.	9,000,000
Logement de cinq cents manouvriers pour l'entretien des semis et les éclaircir à 1,000 fr. pour cinq cents logemens.	500,000
Indemnités aux communes et avances aux particuliers	5,000,000
	32,000,000

Frais de la partie en culture.

Défrichement de 100,000 hectares, partie à la main, partie à la charrue, et clôture, 200 fr. par hectare. .	20,000,000
Achat de semences diverses, fourrages, engrais. .	3,000,000
Instrumens 1,000 fr. par ferme.	1,000,000
Animaux de travail et d'engrais 3,000 fr. par ferme	3,000,000
Bâtimens pour mille fermes de 100 hectares, à 5,000 fr. chaque.	5,000,000
Nourriture et solde des travailleurs pendant la première année, six personnes adultes par ferme, à 500 fr. chaque.	3,000,000
Indemnités aux communes et avances. . . .	1,000,000
Dépenses imprévues pour les deux parts. . .	5,000,000
Frais de la partie en culture. .	41,000,000
Frais de la partie en bois. . .	32,000,000
Total	73,000,000
Frais de canalisation d'après le plan de M. Deschamps, à commencer dans quinze ans. . . .	23,000,000
Routes et chemins.	14,000,000
Total général. . .	110,000,000

Je ne porte rien en compte pour le service des intérêts des sommes dépensées, parce que je regarde qu'ils seront largement couverts , ainsi que la solde des gardiens et des travailleurs , par le revenu des 1,000 fermes situées toutes dans les meilleurs terrains et à portée des débouchés ; 2° par le prix des bois exploitables concédés par le gouvernement ; 3° par la vente des coupes opérées pour éclaircir les semis faits par la compagnie concessionnaire. Jusqu'à l'âge de trente ans , on peut faire quatre à cinq éclaircies. Dans les parties favorablement placées pour le transport, notamment dans le voisinage de Bordeaux, cette opération sera la source d'un assez grand bénéfice.

Evaluation du million d'hectares colonisés , en prenant le boisement pour agent principal , au terme de trente ans.

Valeur de la partie boisée.

Valeur des 900,000 hectares en pin maritime à
1,000 fr. l'hectare.. 900,000,000
Peupliers à 20 fr. 9,000,000. 180,000,000
500 habitations de gardien. 500,000
500 habitations de manouvriers. 500,000
_____
1,081,000,000

Valeur de la partie en culture.

Valeur des 100,000 hectares en diverses cultures
600 fr. l'hectare. 60,000,000
Semences diverses, engrais, fourrages. . . . 3,000,000
Instrumens. 1,000,000
Animaux de travail et d'engrais. 3,000,000
Bâtimens de fermes. 5,000,000
_____
Valeur de la partie en culture. 72,000,000
Valeur de la partie boisée. . . 1,081,000,000
_____
1,153,000,000

Valeur des canaux.	23,000,000
Total général.	1,176,000,000.
A déduire le montant des frais.	110,000,000
Bénéfice net.	1,066,000,000

Dans la seconde hypothèse, celle où la culture doit jouer le rôle principal, j'arrive aux calculs suivans :

Frais de la partie en culture.

Défrichement de 900,000 hectares, partie à la main, partie à la charrue, et dépense de clôture 200 fr. par hectare.	180,000,000
Achat de semences diverses, fourrages, engrais.	27,000,000
Instrumens, 1000 fr. par ferme.	9,000,000
Animaux de travail et d'engrais, 3000 f. par ferme.	27,000,000
Bâtimens de ferme : neuf mille à 5000 fr. chaque.	45,000,000
Nourriture et solde des cultivateurs pendant la première année à 6 personnes adultes par ferme à 500 fr. chaque.	27,000,000
Supplément de nourriture et de solde des cultivateurs pour la seconde année, s'élevant aux deux tiers de la première année (1).	18,000,000
Id. pour la troisième s'élevant au tiers de la première année.	9,000,000
Indemnités aux communes et avances aux particuliers.	5,000,000
	347,000,000

(1) Beaucoup de ces fermes occupant des terrains ingrats, il ne faut pas attendre dans cette catégorie les mêmes résultats et bénéfices que dans la précédente pour la partie cultivée.

Frais de la partie boisée.

Graine de pin maritime, à 20 kilogrammes par hectare et à 1 fr. d'achat le kilo, pour 100,000 hectares.	2,000,000
Travail d'ensemencement à 10 fr. par hectare 100,000 hectares.	1,000,000
Logemens de cinquante gardiens à 1000 fr.	50,000
Achat et transport d'un million de peupliers.	1,000,000
Logement de cinquante manouvriers pour l'entretien des semis et pour les éclaircir.	50,000
Indemnités et avances aux communes.	1,000,000
Dépenses imprévues pour les deux parts.	5,000,000
Frais de la partie boisée.	10,100,000
Frais de la partie en culture.	347,000,000
Total.	357,100,000
Frais de canalisation d'après le plan de M. Deschamps, à faire sans retard.	23,000,000
Routes et chemins, id.	14,000,000
Total général.	394,100,000

Le revenu immédiat serait sans doute, dans cette hypothèse, plus fort que dans l'autre; mais comme la mise en dehors est aussi beaucoup plus forte, je ne porterai en recette que la valeur du fonds même mis en culture. La valeur des produits obtenus serait évidemment absorbée par les intérêts du capital et les dépenses extraordinaires que nécessiteront forcément la mise en valeur d'un terrain en partie de mauvaise nature, comme terrain de labourage.

Evaluation du million d'hectares colonisés en prenant la culture pour agent principal, au terme de trente ans.

5

Valeur de la partie en culture.

Valeur des 900,000 hectares en diverses cultures,
3oo fr. l'hectare, bon et mauvais terrains. . . . 270,000,000
Semences diverses, engrais, fourrages. 27,000,000
Instrumens. 9,000,000
Animaux de travail et d'engrais. 27,000,000
Bâtimens de fermes. 45,000,000
                                                  ───────────
                                                  378,000,000

Valeur de la partie boisée.

Valeur des 100,000 hectares en pin maritime, à
1000 fr. l'hectare. 100,000,000
Peuplier à 20 fr., un million. 20,000,000
Cinquante habitations de gardiens. 5o,000
Cinquante habitations de manouvriers. . . . 5o,000
                                                  ───────────
Valeur de la partie boisée. . . 120,100,000
Valeur de la partie en culture. . 378,000,000
                                                  ───────────
                                                  498,100,000
Valeur des canaux. . . 23,000,000
                                                  ───────────
Total général. . . 521,100,000
A déduire le montant des frais. . 394,100,000
                                                  ───────────
Bénéfice net. . 127,000,000

Voilà les deux moyens de tirer parti des landes de la Gascogne, l'opération étant considérée dans sa plus grande extension. Maintenant, pour épargner une trop grande dépense de capitaux, voudrait-on la réduire à la moitié, au tiers même, ce n'en serait pas moins une belle et sûre entreprise.

Pour éviter le reproche même de la plus légère exagération, j'ai voulu prendre pour base de l'appréciation des résultats à obtenir les évaluations les plus minimes. C'est ainsi que je ne porte la valeur de l'hectare de terre planté en pin maritime , superficie et bois compris, qu'à 1,000 fr., au terme de trente ans, ce qui ne suppose que 330 pieds d'arbres-ne valant que 3 francs chaque. Assurément on ne court aucun danger de se tromper ; lorsqu'on n'élève ses espérances d'avenir qu'à d'aussi modestes prétentions.

Mais cela fait, je dois dire que ce serait aussi être injuste envers le pays des Landes que de ne pas donner un aperçu des avantages variés qu'il peut donner , selon les probabilités les plus ordinaires.

Le pin maritime , que l'on peut appeler à bon droit la providence des pays sablonneux, se prête à des emplois excessivement variés, et promet dès-lors un bien autre résultat que celui que je viens d'assigner.

Le pin très-jeune, et à l'état encore de plante herbacée, il sert de litière aux animaux, et améliore beaucoup les engrais. A 10 ans , on l'emploie à former des clôtures et des échalas, et cet article est d'une immense consommation dans tout le Bordelais.

A vingt ans, on l'abat, pour pilotis; et plus la navigation fluviale s'améliorera, plus le pin maritime qui pourrit difficilement dans l'eau, sera recherché pour cet usage.

Après vingt-cinq ans, on prépare le pin pour porter la résine. La production française ne suffit pas toujours aux besoins de ce produit, et à l'avenir elle le pourra bien moins encore , puisque les premiers succès obtenus donnent à penser que le gaz à la résine sera le meilleur et le plus économique pour l'éclairage. Le débit de la résine, quelles que soient à l'avenir les quantités produites, est donc assuré.

Après qu'il a jeté la résine, le pin n'en est que meilleur pour être converti en planches. La planche sert à la construction, aux parquets, à soutenir les toîtures, à l'emballage, à former les doubles futailles, etc., etc. Le système des scieries à la mécanique, mues soit par l'eau, soit par la vapeur, doit contribuer aujourd'hui beaucoup à ce qu'on tire parti des forêts de pins, que les difficultés de transport forçaient à négliger, lorsqu'il fallait remuer le bois encore en grume. Lorsqu'on se sert d'une machine à vapeur, ce sont les débris des arbres abattus qui servent à la faire marcher; on comprend dès lors tout l'avantage d'un pareil mode d'exploitation.

Le goudron provient aussi du pin maritime. La marine en consomme beaucoup et le demande souvent à l'étranger.

Le pin maritime est souvent une précieuse ressource pour la mâture. Un vieux préjugé fait donner la préférence aux pins du Nord; mais quelques expériences, qui ont parfaitement réussi, commencent à faire croire que le pin des côtes de la Gascogne peut bien valoir celui de Riga.

Comme combustible, on connaît l'utilité du bois de pin; Bordeaux en consomme beaucoup et en consommerait bien davantage avec des voies de communication plus faciles.

Enfin, mettant de côté tous ces usages du bois de pin, qui ne laissent pas cependant que de lui promettre un vaste emploi, nous avons à offrir la ressource sans limite de le convertir en charbon : je dis sans limite, parce que, indépendamment de la grande consommation que peut faire Bordeaux du charbon des Landes lorsqu'il lui arrivera avec moins de frais, soit pour les usages domestiques, soit pour certains arts, notamment ceux de l'orfévrerie et de la chaudronnerie qui le préfèrent à tous autres, il est encore, au sein même de ces Landes, qu'on ne néglige autant que parce que véritablement on n'en connaît pas les ressources, il est, dis-je, dans les landes, un minerai des plus riches, donnant un fer excellent, et qu'on exploite à peine aujourd'hui, faute du combustible nécessaire.

Ce minerai, qu'on appelle dans le pays *mine en grain*, est presque partout à la superficie du sol et se trouve disséminé sur plusieurs points. On ne l'exploite en ce moment que fort grossièrement et avec une grande dépense, puisque c'est à plusieurs lieues et à dos de cheval qu'on va ramasser le charbon que les paysans fabriquent dans leurs momens de loisir. On conçoit alors tout l'avantage de la fabrication en grand du charbon pour utiliser ce minerai à-peu-près perdu.

Une argile, donnant d'excellentes briques réfractaires, se trouve partout dans ces contrées, et aiderait puissamment à créer un système de forges mieux entendu.

Alors Bordeaux du moins ne manquerait plus du fer et de la fonte qui rendent, par leur cherté, la construction de ses navires coûteuse et difficile; et l'agriculture des environs, réduite aussi aux plus grossiers instrumens, aurait moins de sacrifices à faire pour s'améliorer.

Mais le pin n'est pas la seule essence qui promette ici des avantages. Le chêne qui, par les envahissemens de la culture et le besoin des pays vignicoles devient de jour en jour plus rare et son bois plus cher, ne se refuse pas à venir sur le sol des landes. Si, dans le principe, il y croît lentement, une fois qu'il est arrivé aux couches secondaires et qu'il y a pris racine, il s'y développe avec une puissance de végétation qu'on a peine à retrouver ailleurs. Les chênes robustes et séculaires, que l'on trouve dans les environs de la Teste, dans les forêts du Maransin, dans les environs de Dax, de Mont-de-Marsan, de Gabaret, de Lubon, de Maillas, c'est-à-dire sur les points les plus opposés du désert dont j'étudie les ressources, servent à prouver le parti que l'on peut retirer de cet arbre dont le débit est toujours assuré.

A côté de lui, et non moins utile que lui, se présente le chêne à liége; si son bois a peu de prix, on connaît la valeur de son écorce. Le terrain sablonneux est le sol favori de cet arbre. A quelques lieues des grandes landes se trouve la preuve du succès que l'on peut se promettre de sa culture.

L'arrondissement de Nérac lui a consacré toutes ses terres légères, et c'est ce qui fait sa plus grande richesse.

Il est vrai que le chêne-liége est long-temps sans donner des profits; mais le moment de la récolte venu, rien ne peut se comparer aux avantages qu'il procure. On a la ressource d'ailleurs de mélanger le pin et le chêne-liége, et d'exploiter le premier pendant que le second complète sa croissance.

Si, comme il est permis de l'espérer, le mûrier pouvait croître dans une partie des landes, je verrais là une conquête dont je ne saurais assigner la limite; et c'est bien alors que les landes seraient pour Bordeaux la poule aux œufs d'or.

La variété de mûrier qui conviendrait à ce sol léger serait probablement le mûrier-nain, que la Chine cultive plus particulièrement, et dont elle retire d'immenses profits.

Voilà ce que l'on pourrait, en fait de boisement, tenter et espérer sur le vaste territoire des Landes. Quant à ce qui tient plus spécialement à la culture, je ne vois rien de ce qui fait la richesse de l'agriculture moderne qui ne pût également être essayé et réussir. Selon les qualités de sol, parmi les céréales, on choisirait le froment, le seigle, l'avoine, le maïs, le millet; parmi les plantes turberculeuses, la pomme de terre, la betterave, la carotte; dans la famille des légumineuses et des plantes fourragères, le haricot, la lentille, le chou, le navet, la luzerne, le trèfle, le sainfoin, etc., etc. Enfin à chaque lieu, avec de l'intelligence, il serait possible d'assigner

un produit, et peu-à-peu, de remplacer ainsi l'état
de friche et de pauvreté par le bienfait du travail
de l'homme et le stimulant de la richesse ; et cette
terre, qu'un beau soleil éclaire aujourd'hui si inuti-
lement, serait un jour une province qui vaudrait
bien une colonie lointaine. Et cette conquête du
moins faite sur la nature sauvage, et sans répandre
notre or et notre sang, ni système de commerce,
ni guerres, ni naufrages, ni rivalités nationales, ne
viendraient en atténuer les chances favorables, en
jalouser le succès, en contrarier l'heureux essor.

Comment trouver les capitaux nécessaires et quelles
seraient les conditions à imposer aux concession-
naires ?

S'il y avait à réaliser le projet de colonisation des
Landes, en prenant la culture comme agent prin
cipal, on aurait devant soi une difficulté sérieuse :
car où trouver près de 400 millions ; mais comme il
est probable qu'on s'attachera au parti à la fois le
plus profitable et le moins coûteux, celui du boisement, il n'est pas alors au-dessus des ressources du
commerce de Bordeaux, de réunir les moyens pé-
cuniaires suffisans, surtout lorsque ce parti permet
de reculer sans inconvénient l'exécution des voies
de communication, qui à elles seules entraînent
près d'un tiers de la dépense.

Ce n'est pas seulement l'intérêt des personnes
opulentes qui se trouve engagé à tenter l'entreprise
de la colonisation, mais encore celui de la popula-

tion entière de Bordeaux. Il n'est pas dans cette cité un armateur, un négociant, un marchand, un propriétaire, un industriel quelconque qui ne trouvent un avantage positif à ce qu'on tire un prompt parti de plusieurs centaines de lieues carrées qui n'ont donné jusqu'ici que quelques quintaux de laine, un mauvais grain, un peu de résine. C'est pour eux que la richesse se créerait, c'est par eux aussi qu'elle s'échangerait au loin. La colonisation ne dût-elle même rien produire en faveur des capitaux engagés dans l'entreprise, qu'il y aurait encore un immense avantage pour Bordeaux à l'avoir tentée. Mais cette crainte, il ne serait pas raisonnable de la nourrir. On peut au contraire sans danger se porter le garant qu'il y aura bénéfice pour tout le monde, et sous tous les rapports, dans le moment présent comme dans le plus lointain avenir.

Maintenant je dois dire un mot des bases sur lesquelles devrait reposer une association telle qu'il la faudrait pour rendre son œuvre sûre et aussi complète que son objet le comporte.

Il faut le dire, nous ne sommes pas encore en France sur la route qui conduit le mieux à son terme l'exécution des travaux d'utilité publique confiés aux soins des particuliers. Tout en croyant prendre la marche la plus expéditive, il se trouve au contraire que nous choisissons la plus longue, la plus embarrassée.

Ainsi, qu'exigeons-nous d'un homme qui demande une concession? des plans, un calcul de dépense, une évaluation de bénéfice. Si les données paraissent assez bien exécutées et appréciées, on concède et l'on ne songe pas que cet homme n'a montré qu'un des élémens de la réalisation de son projet ; qu'il lui reste encore à trouver la condition presque toujours la plus difficile , les capitaux. Le plus souvent même, ils sont moins aisés à trouver, une fois que la concession a été faite. Car de deux choses l'une : ou l'entreprise est très-bonne, et alors le concessionnaire fait la loi aux capitalistes, et par là les éloigne : ou elle est reconnue peu avantageuse , et alors c'est le tour des capitalistes qui les traînent en longueur et arrivent ainsi à dépouiller impitoyablement l'auteur d'un projet. D'autrefois, l'on met de part et d'autre de l'opiniâtreté , et alors un projet utile au pays est indéfiniment ajourné.

Si l'on procédait comme on le fait en Angleterre et aux Etats-Unis , ce double abus n'arriverait pas. Là, on veut la preuve formelle que tous les moyens d'exécution sont réunis et à la disposition soit de la personne, soit de la société postulant le droit de concession. Aussi, dans ce pays, peut-on regarder un travail concédé comme un travail d'une sûre et prochaine exécution; et dès le lendemain de la concession , voit-on le commencement de la mise en œuvre. On ne citerait peut-être en Angleterre que l'entreprise du *tunnel* sous la Tamise qui soit restée inachevée : et encore personne n'ignore que c'est par suite de circonstances tout-à-fait extraordinaires. En France, au contraire, nous avons nonseulement de nombreux travaux, dont on a fait la concession , inachevés , mais encore en pourrions-nous citer plusieurs qui n'ont rien de commencé.

Il faut nécessairement changer de système, car celui que nous suivons est trop funeste au développement des intérêts matériels du pays.

Ainsi, pour arrêter un plan de colonisation qui puisse s'effectuer sans que rien vienne plus tard l'entraver, il faut qu'à Bordeaux des hommes d'intelligence et haut placés se réunissent, s'entendent, et, par des engagemens formels, montrent au gouvernement et aux chambres qu'ils sont en mesure de mener à bonne fin la vaste opération dont ils sollicitent la concession. A Bordeaux, d'ailleurs, se trouvent tous les élémens d'une grande association : capacité, argent, patriotisme; déjà même, depuis quelques années, cette belle cité s'est heureusement initiée au secret des travaux d'utilité publique, au moyen du levier de l'esprit d'association. On lui doit un pont magnifique, un vaste entrepôt, des bains qui sont un véritable monument. En en combinant mieux les forces, ce sera bien autre chose encore.

Je ne dois pas, du reste, passer sous silence que depuis quelques mois il s'est formé une société qui a pour but d'exploiter un des rayons des landes de Bordeaux, et qui déjà commence l'œuvre. Malheureusement ses ressources sont limitées à quelques millions, et elle n'opère que sur le terrain compris entre le bassin d'Arcachon et le bourg de Mimizan, près du port de la Teste.

C'est, comme on le voit, n'occuper qu'un point dans l'espace; et, bien que ce point soit un des

meilleurs qu'il y eût à aborder, il n'en est pas moins
un théâtre d'opérations bien rétréci, et qui ne nous
montre en jeu que des intérêts particuliers et assez
restreints, là où l'on est pressé de voir de grands
efforts et une large pensée de nationalité.

L'exemple de la nouvelle société peut être d'un
heureux effet sur les populations voisines. Tout en
reconnaissant que son plan paraît bien conçu, sa-
gement étudié, et que ses bénéfices promettent
d'être avantageux, disons qu'il y a mieux que cela
à faire. Il faut, ou que cette société grandisse et
étende ses vastes bras des rives de la Garonne à celles
de l'Adour, et des bords de l'Océan aux limites des
points civilisés, ou qu'il s'en forme un autre qui
porte plus loin ses vues et réalise tout le bien à
faire.

Par des travaux partiels, on mettra cinquante
ans, cent ans, cinq cents ans peut-être à faire ce
que, par la force merveilleuse d'une vaste association et l'impulsion d'un vif sentiment de patriotisme, on peut accomplir sans peine en un quart de
siècle.

*L'exécution des canaux dans les Landes est-elle
facile et sûre?*

La possibilité de créer un vaste système de canalisation dans les Landes a été quelquefois mise en
doute; mais ce n'est uniquement que par les personnes qui ne connaissaient pas ou n'avaient pas
voulu étudier la nature des lieux. Un sol sablonneux

n'est un obstacle à la conservation des eaux que lorsque les couches inférieures sont également poreuses ; mais, comme là c'est au contraire un tuf d'un grain excessivement resserré, ce danger n'existe pas.

L'habile ingénieur, M. Deschamps, pour confirmer sa démonstration de la possibilité de canaliser les Landes, cite la rigole qu'il a fait exécuter dans la commune de Beliet, arrondissement de Bordeaux, et qui a parfaitement retenu les eaux. A cette preuve, il eût pu en ajouter une seconde, et bien plus concluante, c'est un canal de dérivation de près de deux lieues de long sur plusieurs mètres de large, creusé depuis plus de cinquante ans dans le canton de Gabarret, arrondissement de Mont-de-Marsan. Ce canal a été fait pour déverser les eaux des marais de Barbotan dans le lit de l'Estampon. Bien que sur un terrain sablonneux de la nature de celui des grandes Landes, et complétement abandonné à lui-même depuis les premiers jours de la révolution que tomba l'exploitation rurale pour laquelle il était fait, il s'est maintenu dans un assez bon état, et remplit encore en partie le but qu'on s'était proposé en le créant. Si M. Deschamps, qui paraît avoir peu exploré cette partie des Landes, parce qu'elle est limitrophe du département du Gers, avait connu cet ouvrage, il n'eût pas probablement négligé de s'en faire un appui.

Quant à la quantité des eaux propres à l'alimentation des canaux et à la hauteur des terrains nécessaires pour établir les différens biefs de partage, tout cela se trouve parfaitement disposé par la nature des lieux, comme l'ont démontré les ingénieurs envoyés sur le terrain pour faire les études nécessaires.

Ainsi, loin que quelque obstacle sérieux vienne contrarier la plus belle entreprise que la France puisse aujourd'hui tenter, tout au contraire se réunit pour la favoriser et en garantir le succès.

MOYENS D'AMÉLIORATION DU DOMAINE DE L'ÉTAT.

Changemens à faire au port de Bordeaux.

La cherté du mouvement des marchandises dans le port de Bordeaux est un fait avéré. S'il n'appartient pas au gouvernement de remédier au mal, du moins il lui convient de provoquer à ce sujet les recherches qui tendent à l'atténuer. D'abord il devrait étudier comment, à l'exemple de l'Angleterre, l'on pourrait créer sur l'étendue de cet immense port, des bassins pour faciliter le chargement et le déchargement des navires. Ensuite je ne vois pas pourquoi le gouvernement, en vue d'un intérêt général, ne contribuerait pas à cette dépense. Les avantages d'un bon port ne servent pas seulement à la prospérité de la ville qui le possède, mais ils rejaillissent encore et sur les contrées voisines, et sur le pays entier. Tout autour des bassins, l'industrie privée élèverait des magasins qui serviraient de

dépôt aux marchandises, et ainsi le commerce ver-
rait diminuer sensilbement ses frais généraux, qui
aujourd'hui sont très-élevés et coûtent un argent
que les autres places de commerce comptent comme
profits

Un autre avantage d'ailleurs que celui de l'économie, du mouvement et de la surveillance des
marchandises, se trouve attaché au service des magasins publics, c'est la facilité de pouvoir les vendre
sur le vu et le simple transport du certificat de dépôt, que les Anglais appellent warrant. Avec le
système actuel, au contraire, il faut de toute nécessité se transporter sur les lieux, voir les marchandises, déguster, peser ; tout cela emporte du
temps, et le temps est chose toujours précieuse
pour le commerçant. On a d'ailleurs l'avantage de
ne payer un magasin public que pendant le temps
qu'il est occupé, tandis que tout autre local est une
charge qui n'a pas d'interrègne ; là d'ailleurs la surveillance est toujours plus active et la responsabilité
des gardiens bien plus réelle.

NÉCESSITÉ DE MODIFIER LES RÉGLEMENS DE DOUANES, POUR LE SERVICE DES PORTS, NOTAMMENT POUR CELUI DE BORDEAUX.

Comme institution fiscale et mesure de protection pour nos industries naissantes, le service des douanes peut avoir été bien organisé, mais ce mérite n'a plus son opportunité. Il serait temps enfin que l'on comprît que les précautions jalouses du système continental et de notre début industriel, ne sont pas les conditions larges d'un régime de paix et de liberté commerciale et d'un travail industriel avancé. C'est la douane qui devrait être appropriée aux convenances de l'activité commerciale, et non point le commerce assujetti aux formes méthodiques, minutieuses, souvent exagérées de la douane.

Il est vrai de dire, à son éloge, que la direction de Bordeaux a perdu, depuis quelque temps surtout, de son rigorisme administratif, et qu'elle se plie à

un service plus en harmonie avec les différentes na-
tures du commerce bordelais; mais ce n'est là que
de la tolérance, et au commerce il faut plus que
cela. Le gouvernement doit nécessairement ou multiplier ses agens pour offrir un service qui ait plus
de durée et puisse ainsi seconder le mouvement des affaires, ou ce qui serait beaucoup mieux
encore, il devrait restreindre les droits, qui eux-
mêmes restreindraient le penchant à la fraude,
et autoriseraient un peu plus de confiance en la
probité publique.

Bordeaux qui a une foule de points de débarque-
ment, souffre beaucoup des entraves qu'offre le service des douanes, encore hérissé de toutes les minutieuses difficultés du temps qui le vit naître, et
ne pouvant, par cela même, se faire qu'à certaines
heures. C'est au gouvernement à porter son attention
sur un pareil abus, contre lequel on réclame vaine-
ment depuis long-temps, et qui cependant, par
plus d'un motif, eût pu être étudié et corrigé.

JUSTICE DE FAVORISER, AU MOYEN DES FONDS
GÉNÉRAUX, LES GRANDES VOIES DE COMUNICA-
TION ET DE TRANSPORT DANS LES DÉPARTEMENS
PYRÉNÉENS.

Depuis quarante ans d'immenses travaux publics
ont été faits en France aux dépens du trésor : mais
la part des départemens pyrénéens a été toujours si
minime qu'on eût pu croire véritablement qu'ils
n'appartenaient pas à la même administration.

A l'exception de quelques routes que fit exécuter
le gouvernement impérial, rien de grand n'y a été
fait. C'est ainsi que sur les nombreux travaux de
canalisation et de navigation fluviale, votés en
1818 et 1822, pas un seul ne se trouve dan le rayon
des départemens pyrénéens, bien qu'il y en eût plusieurs de projetés et de vivement sollicités : c'était
l'amélioration du lit de la Garonne, du Lot, de l'A-
dour et de la Midouze ; l'élargissement de la barre de
Bayonne, la canalisation de la Baïse ; le canal des
Petites-Landes, etc., etc., etc.

C'est ainsi encore que sur les 93 millions votés en 1831 pour l'exécution de routes, de canaux et autres travaux publics, l'on ne trouve que quelques miettes de ce repas splendide jetées, comme par grâce, à ces mêmes départemens, qui cependant, par cela même qu'ils sont pauvres et arriérés, n'en demandaient que plus d'appui pour se lancer eux aussi dans la voie de leur régénération.

Est-ce là de la justice? et a-t-on bien le droit de se plaindre de quelque amertume dans nos plaintes? n'est-elle pas plutôt l'expression d'un sentiment de dignité nationale blessée, que de ce que l'on veut bien appeler la vivacité du caractère méridional. S'épuiser pour embellir et féconder d'autres contrées sans que ce sacrifice nous soit jamais rendu, et ne pas le trouver mauvais, ce serait aussi faire preuve d'une résignation véritablement niaise, et encourager même à continuer cette criante injustice.

Le gouvernement nous doit évidemment, si du moins il veut tenir une balance plus équitable entre le Nord et le Midi, une part plus large dans la distribution des fonds généraux, accordés pour les travaux d'utilité publique; ses agens devraient aussi presser davantage les formalités à remplir pour être autorisé à commencer les travaux votés par les administrations communales et départementales. Dans beaucoup de départemens il est une foule de travaux votés, dont les fonds sont faits, et auxquels on ne met pas la main par suite des entraves que je si-

gnale ou de tout autre obstacle qu'un peu de zèle
et de prévoyance eussent facilement levé.

Par exemple je pourrais demander, comme chose
intéressant particulièrement les Bordelais, pourquoi la route départementale de Bordeaux à la Teste, votée depuis plus de dix ans, n'est pas encore
achevée. N'est-ce pas là un avantage important pour
les deux villes, et un lien qui leur est indispensa-
ble ? C'est évidemment autre chose que l'argent qui
a manqué ici, car le pays était trop intéressé à cette
amélioration, pourque, s'il n'y eût eu que cette difficulté, le conseil général l'eût bientôt levée.

Dans le Gers, les Landes, l'Aveyron, je pourrais citer également vingt localités en souffrance,
parce que dans les bureaux des ministères tout se
décide lentement ou même ne se décide pas du tout.
Est-ce notre faute à nous si nous sommes plus près
des Pyrénées que de la Seine ? Et lorsqu'on sait si
bien nous trouver pour prélever nos épargnes, et
emprunter nos bras, ne faudrait-il pas en échange
songer à nous lorsqu'il s'agit d'adjuger la part
de bénéfices de notre commune et belle nationalité.

Je ne condamne pas, certes, le principe de la
centralisation. Je le crois bon, nécessaire même,
mais j'en dénonce les abus qui ont des résultats fâ-
cheux pour tous, mais plus encore pour les contrées éloignées, moins bien placées par cela même,
pour faire appuyer leurs justes réclamations.

NÉCESSITÉ DE MODIFIER L'INSTITUTION DES PRÉ-FETS ET SOUS-PRÉFETS.

L'on est aujourd'hui assez généralement d'accord que l'organisation actuelle de la haute administration départementale est mauvaise ; mais ce qu'on ne sait pas aussi bien, c'est qu'elle est, par-dessus tout, funeste au développement des départemens pyrénéens pris depuis trente ans comme l'école des préfets novices, ou la terre d'exil des préfets incapables ; et cependant, par cela même qu'ils sont peu développés, ne devraient-ils pas avoir de préférence l'élite des hommes de l'administration, de même qu'à la tête de soldats novices, l'on aime à voir les chefs les plus expérimentés.

Il faut que le gouvernement songe sérieusement à remédier à ce mal. Il le peut, d'abord en établissant une hiérarchie dans le corps de l'administration départementale, de manière à mettre un frein à un avancement trop précoce, et ensuite en égalisant davantage le traitement des préfets, ce qui diminuerait chez eux la fièvre du changement.

Alors, sans aucun doute, les Landes, le Gers, l'Aveyron, l'Arriège et quelques autres départemens encore sortiraient bientôt de la léthargie où es retiennent plongés l'inexpérience, la nullité ou ll'humeur voyageuse de leurs préfets, manquant ainsi ou des moyens ou de la forte et persistante résolution d'en développer les ressources; et nulle localité mieux que Bordeaux ne profiterait de cet élan (1).

(1) La question de l'organisation de l'administration départementale est une question d'une extrême importance pour les départemens pyrénéens comme pour tous les autres départemens; aussi ne fais-je que l'indiquer ici, me proposant de la traiter ailleurs sous ses différentes faces et avec l'étendue convenable.

MODIFICATIONS A INTRODUIRE DANS LE SYSTÈME COLONIAL ACTUEL.

Lorsque les peuples qui se partagent le monde vivaient dans un état d'hostilité et de défiances continuelles, il était bien naturel que pour s'assurer la jouissance de tous les genres de produits qui pouvaient leur être utiles ou agréables, ils désirassent posséder des colonies ou contrées situées sous des latitudes différentes : mais aujourd'hui que la raison a fait justice des inimitiés nationales, et que la guerre ne sera plus, par bonheur, qu'un accident ; aujourd'hui que la science économique, plus répandue, nous apprend que le secret de la richesse n'est pas de tout produire soi-même, et que les nations, comme les individus, aiment à s'unir par le double lien des relations de commerce, d'amitié, de bon secours, l'absolue nécessité des colonies n'est plus sentie : et si l'on doit y tenir encore, c'est sous un autre point de vue que celui de pouvoir créer par un travail national des produits exotiques.

De nos jours, les colonies peuvent avoir quatre avantages dont un pays doit tenir compte.

1° Faciliter l'écoulement d'un excès de population au sein de la mère-patrie;

2° Servir de débouché à la production nationale;

3° Etre un point de station militaire, comme le sont pour l'Angleterre Gibraltar, l'île de Malte et l'Ile de France;

4° Favoriser l'établissement d'un entrepôt pour commercer avec plus de facilité et déconomie avec les contrées éloignées.

La nature des localités décide seule du mérite de ces divers avantages; c'est à l'habileté des gouvernemens ensuite à tirer parti des circonstances.

La Martinique, la Guadeloupe, la Guyane, le Sénégal et Bourbon, voilà les colonies dont je veux examiner les ressources. Je ne parlerai pas de Pondichéry, qui est un lieu perdu sous plus d'un rapport, ni d'Alger, dont notre impéritie coloniale n'a pas su encore fixer l'avenir.

Dans aucune de nos colonies je ne trouve la garantie des trois premiers avantages que j'ai signalés.

Ainsi, ce n'est pas sur un territoire de quelques lieues d'étendue que l'on peut espérer de jeter l'excédant de notre population, le jour où elle ne trouvera plus la place nécessaire pour travailler et ivre à l'aise. La Guyane eût peut-être offert cette condition; mais les premiers essais d'émigration y ont été dirigés avec tant d'imprévoyance, et par suite nécessaire, d'insuccès, qu'on ne peut pas espérer de détruire de sitôt l'opinion que l'on s'est faite de l'insalubrité de cette colonie, opinion que l'on reconnaîtra probablement un jour pour n'être qu'un préjugé: mais, en attendant, la Guyane est pour nous, malgré son vaste territoire, ce que sont nos autres petits points coloniaux.

La population blanche de nos cinq colonies qui est la seule dont on ait à tenir compte pour le débouché de notre production agricole et industrielle est trop faible pour être de quelque poids dans la balance de nos exportations, puisqu'au total elle ne dépasse pas 80,000 colons, qui même, au moyen de la contrebande, consomment autant de produits étrangers que français.

Nulle part non plus je ne vois un lieu commode et sûr pour former, du moins sans de grands frais, un point de station militaire à l'abri d'une attaque soit soudaine, soit prévue. L'Ile de France était le seul lieu qui offrît toutes les conditions d'un pareil établissement; mais l'impardonnable abandon en a été fait, et c'est sans doute à jamais : ainsi n'y pensons pas.

Des entrepôts commerciaux: voilà la condition possible, voilà l'avantage à retirer de nos colonies et qui puisse compenser par quelque chose d'utile les sacrifices nombreux que nous faisons aujourd'hui : et cependant c'est ce qu'on a négligé avec une imprévoyance des plus grandes. Mais peut-on s'en étonner lorsque c'est à peine depuis un an que le système des entrepôts à l'intérieur a prévalu.

Les entrepôts coloniaux sont une institution qui doit être profitable à tous les pays, mais surtout à la France, et cela par des raisons particulières , et dont je vais donner un rapide aperçu.

D'abord, comme on vient de le voir, les colonies que nous possédons ne sont bonnes aujourd'hui qu'à cela.

Ensuite voici ce qui milite en faveur de ces établissemens. En France, par suite du système si rétréci de nos banques le commerce n'a à sa disposition les capitaux ni de l'Angleterre , ni des États-Unis ; et alors il serait heureux qu'il pût rapprocher le terme des expéditions lointaines , de manière à ce que les armateurs trouvassent à rentrer plutôt dans leur mise de fonds , et pussent préparer de nouveaux envois. Cela serait si , sur certains points donnés , ils pouvaient déposer leur cargaison entière , et procéder à de rapides échanges. Le mouvement des villes maritimes y gagnerait beaucoup.

La position géographique de nos colonies assez bien disséminées sur les divers points du globe, ajouterait encore aux avantages naturels des entrepôts.

Ainsi celui des Antilles serait immanquablement la clé d'un vaste débouché avec les populations qui bordent le golfe du Mexique, la Colombie et les autres contrées importantes de cette partie du monde ; car alors tomberaient tous les obstacles qui s'opposent aujourd'hui à des relations suivies.

Les bâtimens français ne se lancent pas avec confiance dans cette mer, parce qu'elle est une des plus dangereuses , et que ce n'est qu'à la condition de la bien connaître qu'on peut la parcourir sans péril.

On ne peut non plus commercer avec avantage avec

ces régions, parce que nos bâtimens ne trouvent à se défaire que par parcelles de leur cargaison, et qu'il faut alors de toute nécessité parcourir une longue côte pour la vente comme pour les achats de retour. Les navires américains, de leur côté, soit qu'ils ne puissent composer de grandes cargaisons, soit qu'ils redoutent une longue navigation, n'aiment pas les expéditions lointaines.

Si au contraire il existait dans l'une de nos Antilles un entrepôt où seraient reçues les marchandises nationales et les produits étrangers, les nombreux bâtimens de cabotage des côtes américaines viendraient s'approvisionner à mesure des besoins, et d'après leurs moyens d'échange; nos bâtimens aussi auraient moins de difficulté à compléter leur chargement pour l'aller comme pour le retour.

C'est ce manque d'un point central dans les différentes régions où notre commerce s'est essayé depuis 1814, qui a fait que la plupart des expéditions ont été peu profitables, souvent même malheureuses.

Etendant plus loin mes observations, je trouve des raisons non moins bonnes en faveur du système dont je crois le bienfait certain.

A la Guyane, un entrepôt servirait heureusement nos rapports avec le Brésil, Buenos-Ayres et les autres contrées de l'Amérique qui bordent l'Océan méridional.

L'entrepôt du Sénégal donnerait peut-être plus d'extension à nos faibles rapports avec l'Afrique. On sait que depuis la suppression de la traite, les

nègres de cette côte montrent beaucoup plus de
goût et de capacité pour la culture, les arts industriels et la recherche de la poudre d'or qui peut
faire l'objet d'un assez fort échange.

Avec un entrepôt, Bourbon pourrait être, si ce
n'est toujours, du moins dans le plus grand nombre des cas, la limite de nos excursions dans les
mers de l'Inde. Nos expéditions seraient ainsi moins
longues et plus sûres. On éviterait, surtout par là,
les inconvéniens d'une concurrence inattendue sur
un même point de consommation, ce qui amène
toujours un déchet notable sur les marchandises
d'expéditions, et une augmentation sur celles qu'on
prend en retour, double dommage pour les expéditeurs nationaux.

Sur ces quatre entrepôts, dont il est assez facile
d'apprécier les résultats, celui des Antilles et celui
de Bourbon seraient les premiers à établir ; plus
tard on aviserait aux deux autres. On objectera
peut-être qu'il favoriseront la contrebande ; mais
la surveillance n'est-elle pas facile. Aujourd'hui
même et sans cela, la contrebande n'existe-t-elle
pas ? Et d'ailleurs de ce qu'une chose entraîne
quelques inconvéniens, faut-il en répudier les bénéfices ?

Le commerce maritime ne peut que gagner au
système des entrepôts coloniaux; c'est à lui à le provoquer. Bordeaux qui a toujours eu du penchant
pour la navigation lointaine, et qui d'ailleurs a des
produits particuliers recherchés sur tous les points
du globe doit surtout être pressé de jouir de ce

nouvel avantage qui peut lui donner de l'élan, et diminuer le mal-aise qui l'affecte.

―――•◦○◦•―――

Tel est l'ensemble des améliorations que je crois pouvoir proposer, et dans l'intérêt de Bordeaux, et dans l'intérêt des contrées qui l'entourent; je les livre à la méditation des députés, des conseils généraux, des autorités qui représentent, administrent et connaissent notre Midi; je les recommande à l'étude de la chambre de commerce de Bordeaux, qui mainte fois déjà, a pris, avec bonheur, la défense des intérêts commerciaux qui nous concernent; je les livre enfin au patriotisme de ceux de mes concitoyens qui aiment à réfléchir sur les chances d'un meilleur avenir, et comme moi, gémissent de voir un beau pays rester stationnaire, et par cela même devenir de jour en jour plus misérable, en face des ressources que la nature lui a libéralement départies : et parmi ces hommes dévoués que j'appelle à mon aide, il me serait surtout heureux de trouver celui dont le beau talent sait si bien animer et approfondir les questions sociales qu'il aborde.

Nul doute que si l'honorable M. Henri Fonfrède voulait, avec l'ardeur qui le caractérise, et les moyens qu'il possède, prêter un moment son attention à l'examen des questions d'intérêt matériel et de développement intellectuel que je viens soule-

ver, on n'en vit la discussion plus animée, les difficultés mieux résolues, et par suite, l'application plus
prompte et le succès plus certain.

Les améliorations que je sollicite du gouvernement ne peuvent lui être importunes, car elles sont
bien simples, et il ne faut, pour les réaliser, que l'in-
tervention d'un homme d'état qui ait de la portée
dans l'esprit, de la volonté dans le caractère, du
patriotisme dans le cœur.

Celles que j'envisage comme étant du domaine
des particuliers ne sont au-dessus ni de leurs ressources, ni de leurs efforts ; ils n'ont qu'à les vouloir et à s'entendre pour arriver bientôt au but.

En portant leur activité sur les productions nouvelles que j'ai signalées, les départemens pyrénéens
peuvent, sans altérer notablement la masse de leur
richesse actuelle, créer une matière exportable de
quarante à cinquante millions, ce qui amènerait
nécessairement pour le port de Bordeaux un nouveau mouvement commercial de quatre-vingt à
cent millions, augmentation pour lui d'une extrême
importance, puisque l'exportation de ses liquides
qui forment la base de son commerce n'amène an-
nuellement qu'un mouvement de trente à trente-
six millions.

Quant à la colonisation des Landes, il n'y a rien
de sérieux qui vienne la combattre ni même la
montrer difficile. A sa réalisation, au contraire, s'at-
tachent deux grands mobiles qui remuent le plus
les hommes : la gloire et l'intérêt.

On se sent d'autant plus porté à recommander

cette vaste entreprise , que des hommes supérieurs l'ont crue possible et eussent tenu à honneur d'y attacher leur nom , si une fatale destinée n'eût disposé autrement de leurs jours ou de leur volonté.

C'est ainsi qu'en 1808 , Napoléon traversant ces contrées dont la solitude l'avait étonné , nous avait promis que ce serait un des travaux de ses glorieux loisirs que d'y jeter à pleines mains la civilisation.

C'est ainsi qu'avant lui un autre grand homme avait nourri la même pensée. Lorsque le fer meurtrier vint frapper Henri IV, il s'occupait de nos landes , et songeait même à y appeler, pour les animer plus tôt , les Arabes laborieux que le fanatisme espagnol refoulait alors en Afrique.

Précédé de tels guides, l'on craint peu de se tromper en voulant ce qu'ils ont voulu. C'est qu'en effet dans les œuvres de cette nature , il y a de la marge pour les travaux du génie , et à leur suite , pour récompense certaine, le souvenir toujours vivant des générations dont on a préparé le bonheur; témoignage qui vaut bien, pour les grands cœurs, un froid monument d'airain que ne décerne même pas toujours aux plus méritans la justice des hommes ; ou bien encore quelques pages dans l'histoire que n'écrit pas par malheur , dans tous les temps , l'auguste vérité.

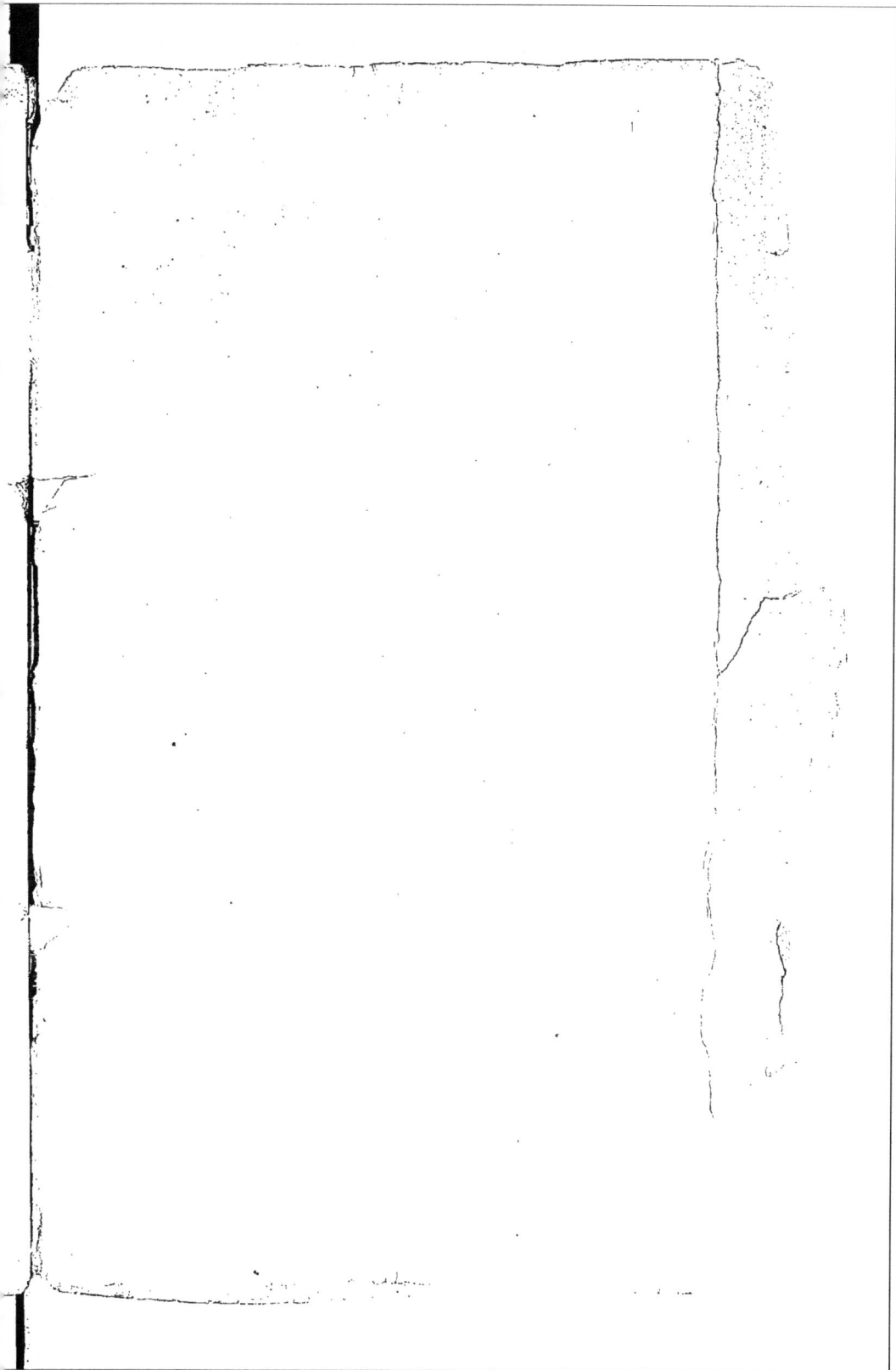

IMPRIMERIE DE J.-A. BOUDON,

RUE MONTMARTRE, 131.

www.ingramcontent.com/pod-product-compliance
Lightning Source LLC
Chambersburg PA
CBHW071523200326
41519CB00019B/6048